Für all diejenigen (es waren nicht sehr viele),

die uns Mut gemacht haben, diese Reise zu unternehmen

und für all diejenigen, die versucht

haben uns davon abzuhalten, denn sie haben uns angeregt, uns besonders gut darauf vorzubereiten.

Carola W. Zehle

Einmal ist immer das erste Mal !

Im Segelboot 1991 mit meinen Kindern über den Atlantik.

Von Melanie, Carola und Arndt

Impressum

Bibliografische Information der Deutschen Nationalbibliothek:
Die Deutsche Nationalbibliothek verzeichnet diese Publikation in der Deutschen Nationalbibliografie; detaillierte bibliografische Daten sind im Internet über http://dnb.dnb.de abrufbar.

© 2021 Carola W. Zehle
weitere Mitwirkende: Melanie Etten-Rüppell, Arndt E. Zehle

Herstellung und Verlag: BoD – Books on Demand, Norderstedt

ISBN : 9783755754466

XANADU

Mit 13 Jahren über den Atlantik ?

Mein Name ist Arndt und die Reise über die ich hier berichte fing mit einer Idee oder besser einem Traum an, die wir auf einer ganz anderen Reise hatten. Ich war damals 11 Jahre alt, da segelte ich mit meiner Mutter und meinen beiden älteren Geschwistern Robert und Melanie nach Süd-England. Mein großer Bruder Robert wurde 18 Jahre alt und wir hatten uns ausgedacht seinen Geburtstag in London zu feiern, uns die Londoner Museen anzusehen und dann weiter nach Süd-England zu fahren. Es war die erste Reise, die wir in die Nordsee gemacht haben und als wir dann bei ziemlich viel Wind die Südküste Englands westwärts aufkreuzen mußten, waren die Wellen ganz schön hoch. Aber sie waren viel länger, als die Ostseewellen und so auch besser zu nehmen. Wir stellten fest, dass wir achteinhalb Windstärken in der Nordsee ganz gut überstehen konnten, trotz der frei anrollenden Atlantikwellen.

Gesegelt waren wir schon vorher viel und zwar in der Ostsee, in Dänemark und auch nach Schweden. In alten Filmen habe ich mich als Baby auf unserem alten Schiff in einer geschützten Koje mit Leesegel gesehen und dann auch mit einer langen Leine an an einem Brustgeschirr, später als ich dann laufen konnte. Meine Schwester hat mich mit dieser Leine an Deck herumgeführt. Meine Mutter sagt, die schwierigste Zeit mit mir war, als ich krabbeln konnte und ständig den Niedergang rauf und runter wollte. Vorher hatte ich immer die meiste Zeit geschlafen, besonders dann, wenn die Maschine lief. Ich bin also mit der Segelei groß geworden und bin immer noch unheimlich gern auf dem Wasser. Am Liebsten habe ich unsere Sommer in den schwedischen Schären, wo wir Pilze und Blaubeeren sammeln, angeln, grillen und faulenzen und inzwischen unsere ganz speziellen Lieblingsschären haben. Aber die eine Reise nach England 1988 war wohl der Auslöser der Reise, von der ich eigentlich erzählen, will. Erzählen will ich von der Fahrt mit meiner Mutter und meiner Schwester Melanie, die damals zwanzig Jahre alt war, von Gran Canaria nach Martinique. Auf solch einer Reise kommt meist alles anders als man denkt. Also schreib ich dies auf, damit es denen, die so eine Reise vielleicht auch machen wollen leichter fällt und sie wissen, was auf sie zukommt (oder auch nicht) und weil meine Mutter meint, es würde später unheimlich lustig für meine eigenen Kinder sein zu lesen, was ich mit dreizehn Jahren gemacht habe.

Vor der Reise, als ich Zuhause über meine bevorstehende Tour nachdachte, dachte ich an viel Wasser, und die 3-4 Wochen die sie dauern würde, aber auch an Palmen und Strand und an unsere Sicherheit. Mama hatte mir und Melanie ein Buch über Unfälle auf See zu lesen gegeben. Da konnte einem schon Angst und Bange werden, aber die Losungen der Probleme stand auch immer gleich dabei, sodass es nicht ganz so schlimm war. Die Wirklichkeit, so wie es später dann auf See wirklich ist, kann man sich aber erst richtig vorstellen, wenn man tatsächlich mitten drauf ist. Mit meinen 11 Jahren auf der Reise

nach England wußte ich noch nicht, was ich tat, als ich zu meiner Mutter sagte : "Wenn Du nach Amerika segelst, fahr ich mit".
Ich konnte nicht wissen, was für etwas Besonderes ich da beschlossen hatte. Im nach hinein freu ich mich um so mehr, dass ich auch später, als meine Mutter fragte : "Weißt Du das auch ganz genau, dass Du die Fahrt über den Atlantik mitmachen willst ?" immer wieder gesagt habe : " Ich will unbedingt mitkommen."

Dezember 1990

Die Zeit für die Reise war gekommen, Weihnachten war vorbei. Ein Weihnachten mit der ganzen Familie und Gans und Tannenbaum, wie sonst auch. Irgendwie hatten wir kaum über die bevorstehende Tour gesprochen, denn nicht alle Familienmitglieder waren von unserem Vorhaben gleichermaßen begeistert. Aber selbst meine Oma, die uns sonst immer vor jeder Segeltour vor den Gefahren warnte hielt sich diesmal ganz zurück. Es war sehr schön und festlich gewesen und nun war der 26. Dezember 1990 da, der Tag vor unserer geplanten Abreise nach Gran Canaria.
Mir liefen viele Dinge durch Kopf, was sollte ich einpacken, was fehlte noch ?? Natürlich Anziehsachen und Bücher und da hörten meine Ideen auch schon auf. Als alle Taschen gepackt waren, hatte ich noch meinen Game Boy und Kassetten dazugelegt. Ich wunderte mich selbst, weit vorher hatte ich noch tausend Sachen gewußte, die alle mit sollten, nun war mein Kopf irgendwie leer. Auf jeden Fall mußte eine Angel mit, da im Atlantik viele Fische sind. Am nächsten Morgen stand ich relativ spät auf. Fast alles war meinerseits erledigt. Die letzten Kleinigkeiten wurden verstaut und der Zeitpunkt der Abreise kam immer näher. Wir stellten fest, dass wir viel Übergepäck hatten. Am Flughafen gaben wir das Gepäck auf, wobei jeder von uns soviel als Handgepäck nahm, wie er einigermaßen unauffällig tragen konnte, damit das Übergepäck nicht so teuer wurde und los ging es mit meiner Mutter und meiner Schwester Melanie in den Flieger hinein. Karibik wir kommen !
Unser Schiff war auf Gran Canaria in Puerto Mogan, wo es meine Mutter mit Ihrem Freund und meiner Schwester schon im Sommer hingesegelt hatten. Wir flogen am späten Nachmittag mit Air Spain. Die Sitzplätze waren sehr eng zusammen, eben Holzklasse. Die Stewardessen fertigten uns schnell ab und dann war Ruhe im Flugzeug. Wie immer bei Motorengeräusch schlief ich schnell ein. Meine Mutter sagt, dass war bei mir schon als Baby so, egal ob zu Haus, im Auto oder auf dem Boot, sobald die Maschine lief, selbst wenn es nur eine Geschirrspühlmaschine war - rums war ich eingeschlafen.

Melanie :

Als ‚Mitsegler' an einer Atlantiküberquerung teilzunehmen ist sicherlich etwas Besonderes – als ich am 27.12.1991 ins Flugzeug steige, um daran teilzunehmen, habe ich nicht im Sinn, mir einen lebenslangen Seglertraum zu erfüllen, noch gibt es irgendetwas, was mich zwingt bei dieser Reise mitzumachen. Nein, es ist eine Möglichkeit, die mir in den Schoss gefallen ist, und meine Einstellung lässt sich viel eher als : ‚warum nicht', und ‚könnte interessant sein' beschreiben.

So haben wir im Vorfeld der Reise auch Kritik erfahren von Bekannten, die der Meinung waren, dass es nicht richtig wäre, ein unmündiges Kind (meinen Bruder Arndt), auf so eine grosse, und potentiell gefährliche Tour mitzunehmen. Ich denke, so eine Kritik muss man sich insbesondere als Frau gefallen lassen. Es kam für meine Mutter wohl auch nicht unerwartet. Richtig ist natürlich auch, dass wir nicht die physisch stärkste und erfahrenste Crew sind, die je eine Atlantiküberquerung angestrebt hat, aber die unerfahrenste waren wir auch nicht.

Natürlich weiss ich in bestimmter Hinsicht auf was ich mich einlasse – ich bin schon oft gesegelt, und auch lange Strecken, und habe durchaus bedrohlich Situationen (10 Windstärken vor England) aktiv miterlebt. Meine Erwartungen sind positiv ohne wilden Enthusiasmus – ich segele gerne Langstrecken, man kann noch eher sagen, ich verbringe gerne Zeit auf Segelbooten – ohne, dass ich immer ein absoluter Fan bin und ein starker Ansporn richtig gut zu segeln, stellt für mich nur eine Regatta dar!

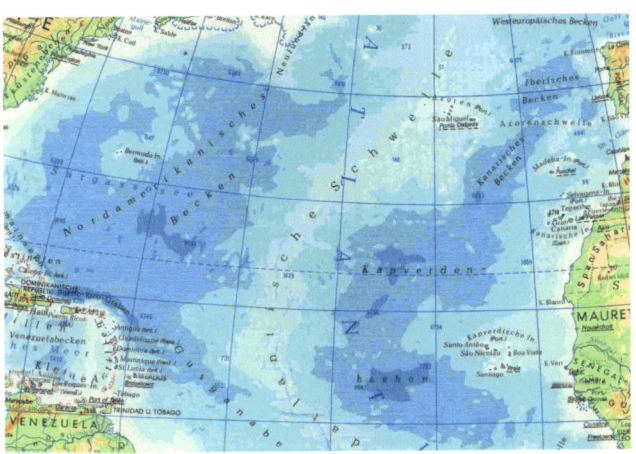

Unser « Fahrtgebiet «

9

Mama:

Da saß ich nun wirklich im Flugzeug. Nach Tagen hektischer Geschäftigkeit, Weihnachtsvorbereitungen, Heiligabend und immer zwischendurch weiterpacken - zum Erstenmal nichts zu tun. Meine Gedanken sprangen hin und her, hatten wir dies und jenes auch eingepackt oder doch vergessen, war mir irgendetwas entgangen, was ich noch hätte erledigen müssen ? - Ach, es war doch ohnehin zu spät, jetzt noch darüber nachzugrübeln. Ich wunderte mich, dass ich nicht richtig aufgeregt war, hätte ich es nicht sein müssen bei dem was vor uns lag ? War es Leichtfertigkeit, dass ich innerlich so ruhig war, - verdrängte ich etwas ? Nein, das war es alles nicht. - Seit ich vor über einem Jahr den Entschluß gefaßt hatte mit unserem eigenem Schiff und meinen Kindern über den Atlantik zu segeln hatte ich geplant. Eigentlich wollte ich anfangs nur erst einmal an einer professionellen Überführung teilnehmen um zu testen ob ich so viel Wasser eigentlich mag und nicht zwanzig Jahre lang einem Traum nachzuhängen, der sich dann als Alptraum herausstellen würde, wie es manchen Rentnern ging, die dann ihr Schiff auf den Kanaren oder spätestens in der Karibik verkauften. Ich hatte dies Vorhaben allerdings aufgegeben, nachdem mir mein Freund sechs Wochen vor meiner geplanten ABftahrt sagte, dass er den Gedanken nicht ertragen könne, dass ich allein mit fünf fremden Männern segeln würde – mitkommen wollte er aber auch nicht. Seit dem hatte ich einen Plan aufgestellt mit vielen Unterpunkten, der mit der Zeit immer ausführlicher wurde. Ich hatte bald eine lange Liste von Ausrüstungsgegenständen erstellt, die mir noch sinnvoll oder notwendig erschienen, mit Preisen, Lieferanten und dem Vermerk der Vor- und Nachteile des jeweiligen Produkts. Ich kannte bald alle Kataloge für Jachtzubehör auswendig und wußte ohne meine Checkliste auf welcher Seite, welcher Artikel zu finden war. Und immer wieder machte ich große Additionen. Was würde es am Ende alles zusammen Kosten ? Wo lasse ich das Schiff für die vier Monate auf Gran Canaria ? Gibt es auch verbilligte Flüge, wenn man in Hamburg/Las Palmas - George Town/Hamburg fliegt ? (ja!) Wie kommt das Schiff aus der Karibik zurück (mit einer Proficrew), denn mehr als sechs Wochen Urlaub in einem Stück konnte ich wirklich nicht machen. Das war für Hamburger Verhältnisse für jemanden der eine Firma leitet schon ohnehin fast unanständig.

Viel hatten mich die vielen Einwände beschäftigt, die ich zu hören bekam, als der eine oder andere aus meiner Umgebung von der Reise hörte. War es vielleicht doch unverantwortlich, mit zweien meiner Kindern zusammen den Atlantik überqueren zu wollen ? Dass weder die Kinder noch ich es so sahen, lag sicher auch daran, dass wir uns ausgiebig mit der bevorstehenden Fahrt und deren Gefahren auseinandergesetzt hatten.

Wir hatten Reiseberichte anderer Segler, Bücher über Überlebenstraining, Unfällen auf See und über Wetter und Strömungsverhältnisse gelesen. Der

Atlantik wurde uns immer vertrauter, die Karibik lockte. Eine Restunsicherheit blieb natürlich, die uns aber nicht von der Reise abbrachte. Erstaunlich für mich war die positive Haltung meiner Mutter zu unseren Plänen, denn sie ermahnte mich sonst vor jeder normalen Segeltour immer sehr zur Vorsicht. Nach der Reise auf ihr ungewöhnliches Verhalten angesprochen, meinte sie : " Als ich merkte, wie Ernst es Dir war, wußte ich, dass Dich niemand mehr davon abbringen würde, also war es besser Euch nicht zu irritieren." - Wir sind eben eine sehr pragmatische Familie!

Meinen fertigen Aktionsplan hatte ich dann Stück für Stück abgearbeitet, wobei mein Mac sehr gute Dienste leistete, Mit den Checklisten, die er ausspuckte hatte ich immer wieder alles überprüft, was sehr notwendig war, z.b. als die Werft das Unterwasserschiff anstatt wie schriftlich bestellt in schwarz für warme Gewässer, fast mit der alten weißen für die Ost- und Nordsee geeigneten Farbe gestrichen hätte. Zufällig war ich an dem Tag in Travemünde und sah die Handwerker mit den Farbtöpfen kommen. Ungläubig fragte ich : "Das ist doch nicht für dies Schiff?" und bekam nur zur Antwort : "Wieso, das ist doch weiß oder nicht ?" !Ich machte immer ein Häkchen mehr auf meiner langen Liste und nun war der Teil dran : "Reise nach Puerto Mogan". Alles lief den vorgedachten Weg, der 25kg schwere Schleppgenerator den wir als Handgepäck durchgeschmuggelt hatten damit er nicht beschädigt werden konnte, lag zwischen meinen Füßen. Ich fühlte mich etwas erschöpft aber sehr zufrieden und döste tatsächlich ein.

Arndt :

Wir kamen um 22.00 Uhr Gran Canarischer Zeit an und fuhren gleich nachdem unser Gepäck tatsächlich vollzählig, inklusive des am letzten Tag gelieferten Solarpanels angekommen war, mit dem Taxi nach Puerto Mogan wo unser Schiff lag.

Das war ein herrliches Fleckchen Erde, nicht so bebaut wie die großen Ansiedlungen auf Grand Canaria, an denen wir auf der Fahrt vorbeigekommen waren. Ein kleines Fischerdorf mit einer wunderschönen beleuchteten Hafensilhouette und einer hohen Mole, die viel Schutz bot. Wir gingen noch schnell etwas Essen, und dann an Bord, wo wir noch nichts taten, nur froh waren Xani, das ist der Kosename für Xanadu, so wie das Schiff wirklich heißt, auch da zu finden, wo es sein sollte. Es war ganz eigenartig für mich hier, wo ich noch nie gewesen war, plötzlich unser Schiff vor mir zu sehen. Ich fühlte mich einfach wohl und zu Hause. Am nächsten Tag legten wir voll los, erst mal mit einem ausgiebigen Frühstück am Büfett des Hotels unten am Hafen. Danach hätte ich gut eine Pause machen und schwimmen gehen können, aber meine Mutter hatte tonnenweise Arbeit für mich. Nach zwei Tagen Saubermachen, Einpacken und Einkaufen hatten wir das Gröbste geschafft.

Puerto Mogan 1990

Das Geschäft mit den trügerischen Namen "Top" Yachting, dem meine Mutter Monate zuvor die Überholung unseres Motors und andere Dinge aufgetragen hatten, hatte nichts dergleichen getan. Der Motor sprang nicht an, die Batterien waren nicht nachgeladen worden und zeigten nur noch 25% Säure und wir bekamen keine neuen Batterien in der selben Größe. (Was sich später als schlimm herausstellte, aber ich will nicht vorausgreifen). Der "Mechaniker" mit dem meine Mutter immer wieder von Hamburg aus telefoniert hatte, war in Wirklichkeit eine Art Segeltramp, braungebrannt, mit blondem Pferdeschwanz, der fröhlich von seinen Reisen erzählte. Er sagte, dass er die Maschine vorsichtshalber doch nicht angefaßt hatte bevor wir da waren, weil er nichts kaputt machen wollte !! Mit vielen Zigaretten, einigen Drinks und der Unterstützung meiner Mutter, bekam er sie dann am übernächsten Tag zum Laufen.

Mama - 28.12.1990 :
Es war wirklich zum Auswachsen ! Im August hatte ich mit dem Inhaber der Firma Top Yachting" ganz genau vereinbart, was alles wann an Schiff und Maschine gemacht werden sollte. Ich hatte eine Liste mit allen in Auftrag gegebenen Punkten zum Abhaken dagelassen, zusätzlich eine Zeichnung, die die Funktionen unserer elektrischen Anlage und des Schaltpanels erklärte. Immer

wenn ich von Hamburg aus anrief, hieß es, alles wäre in Ordnung und rechtzeitig fertig, wenn wir kämen.
Passiert war aber fast gar nichts! Der Inhaber von Top Yachting" war vor zwei Tagen nach Amerika gefahren und seine Frau konnte meine Liste nicht finden. Die Maschine sprang nicht an, von Ölwechsel und Filtertausch will ich gar nicht reden, die Batterien waren nicht nachgeladen worden und völlig am Ende und an das bestellte Sonnensegel konnte sich niemand erinnern.
Nach langer Telefoniererei ergab sich, dass neue 180 Ah Batterien möglicherweise in fünf Tagen hier sein könnten, aber ganz sicher war das nicht. Lediglich die kleinere Starterbatterie konnten wir am nächsten Tag bekommen. Da die Bordnetzbatterien nun mit Landstrom aufgeladen die Spannung von 12,6 Volt hielten und wir auf See ja unseren Power-Schleppgenerator und einen Windgenerator zum Batterienladen hatten, entschied ich mich, nicht die fünf Tage oder länger auf neue Batterien zu warten. Ich hatte doch nur sechs Wochen Urlaub, die Zeit würde sonst vielleicht zu knapp, denn wer wußte wie lange wir über den Atlantik brauchen würden ?
Ich wurde aber innerlich immer unruhiger, - waren das alles vielleicht Warnsignale ? Sollte ich über die ganze Sache nochmal nachdenken ? - Doch mit den vielen Dingen, die noch zu erledigen waren, deckte ich diese Gedanken schnell zu und ließ sie nicht weiter nach oben kommen.
Am Tag vor dem Auslaufen kratzte unser Universalmechaniker als Taucher den Rumpf ab, damit wir keinen Algenbart mit über den Atlantik schleppen würden. Es hatte sich in den vier Monaten Liegezeit allerdings nur ein dünner Bewuchs gebildet. Das Mille Antifouling für wärmere Regionen hielt, was es versprach.
Ich merkte, dass ich immer unruhiger und ungeduldiger wurde. Alle Leute hier hatten scheinbar unendlich viel Zeit, waren gerade nicht da, hatten den Lieferanten bisher nicht erreicht oder so etwas Ähnliches. Meine Planung nach zwei Tagen auslaufen zu wollen war zu knapp gewesen, aber wir wollten endlich los ! Meine Nerven wurden immer dünner und nach dem Tanken verpaßte ich sogar bei der nur leichten Strömung, den richtigen Moment zum Einsteuern in unsere Box und driftete quer auf die anderen Schiffe zu. -"Ruhe bewahren, Rückwärts, Vorwärts, rückwärts, raus aus der Reihe und nochmal neu ansetzen." Das Gesicht des hilfswilligen Mitarbeiters der Marina, der dort mit den Leinen wartete sprach Bände – Kaisermanöver - na, das fing ja gut an! Aber wenigstens hatten wir zur Erheiterung des Hafens beigetragen. Ich gönnte es allen, denn welcher Segler kennt das nicht : gemütlich im Cockpit mit einem Drink zu sitzen und den verkorksten Manövern anderer zu zusehen. Dabei kann man seine geheimen Wunden lecken.

Sehr zufrieden war ich mit dem Frischproviant, den wir einkaufen konnten. Obst, Gemüse, Salami, Backwaren u.s.w. waren alle ganz prima und Melanie verstaute die vielen Einkaufskörbe unverdrossen im Schiffsbauch. Alles ohne platzraubende Verpackung und schön übersichtlich sortiert. Zwei Rinderfilets hatte ich eingeschweist aus Deutschland mitgebracht, die würden mindestens ein bis zwei Wochen halten und uns mit Energie versorgen.

Am 29.12.90 abends checkten wir nochmal alle Instrumente, stellten die Selbsteueranlage genau ein und gönnten uns ein festliches Abendessen. Die zwei Tage vorher bestellte Languste war zwar nicht da - warum hätte auch gerade das klappen sollen ? - Aber lecker war es trotzdem und die elektrischen Weihnachtssterne blinkten milde von den kleinen Häusern rund um das Hafenbecken herunter.

Als wir dann am 30.12.1990 mittags die Leinen loswarfen hatte ich ganz unterschiedliche Empfindungen. Einerseits war es die gewohnte Auslaufroutine : Fender rein, Leinen verstauen, Instrumente checken, Motorengeräusch OK und Abstand von der Mole halten, andererseits sah ich irgendwie erwartungsvoll zum Land, hätte es nicht irgendwo tuten und uns jemand zum Abschied zuwinken, Glück wünschen oder wenigstens eine kleine Rakete abschießen müssen ? Aber wir verließen Puerto Mogan an diesem grauen, diesigen Tag ganz unauffällig, so als wollten wir nur kurz um die nächste Ecke. Wir sprachen kaum, waren wohl alle drei etwas beklommen und mit uns selbst beschäftigt. Einige Zeit konnten wir die bunten Häuser in der Felsenbucht noch sehen, dann war Gran Canaria nur noch ein dunkler Streifen am Horizont.

Arndt :

In der zweiten Hälfte des dritten Tages waren wir bereit. Betankt mit Wasser und Diesel (viel zu viel) und zusätzlich ausgerüstet mit Frischproviant. Das Wetter der letzten zwei Tage war schön sonnig und flau gewesen, dass sollte sich an diesem Tag ändern. Das Wetter wurde anders als erwartet und angesagt, eben genau wie in der Ostsee, aber dies alles konnte uns nicht abhalten, uns ins größte Abenteuer zu stürzen, das ich je erlebt hatte. Der Himmel war bewölkt und es war viel Wind. Doch gegen Mittag liefen wir aus. Bald merkten wir, dass die Fallwinde, die die hohe Felsküste von Gran Canaria herunter gepfiffen, eine steile See aufgebaut hatten. Ich ging erst einmal schlafen. Freiwache!!. Das Wachsystem, dass meine Mutter schon in Hamburg festgelegt hatte sah wie folgt aus : 5 Stunden frei, 4 Stunden Wache. Da wir zu dritt waren mußte jeder 3 Std. Ruder gehen, zwei davon allein und eine Stunde Ausschauhalten, dem nächsten Rudergänger etwas bringen oder mit ihm Segelmanöver machen. Diese Einteilung war mir sehr angenehm.

Wir hatten viel Wind und Welle und ich merkte sofort, dass mir schlecht wurde, was mir ganz selten passiert. Auch auf meiner Nachtwache fünf Stunden später war mir noch ziehmlich übel. Doch nach anfänglichem Brechen war mir auf einen Schlag wieder gut. Meine Mutter, der nie schlecht wird, war auch jetzt OK, allerdings etwas blaß, - sie behauptet immer, das liegt an der Verantwortung, die sie für das Schiff und vor allem für uns hat. Meiner Schwester, die sonst noch nie Probleme damit hatte ging es aus unerfindlichen Gründen noch drei Tage nach der Abreise ziemlich mies.

Melanie :

Angst habe ich keine. Das jedenfalls sind meine Gedanken vorher bis wir tatsächlich ablegten. Ich übergebe mich die nächsten 48 Stunden fast ständig. Das ist für jemanden, der bei 7 Windstärken sonst unter Deck Karten spielte (früher: mit Puppen), oder liest eher ungewöhnlich, und deutet darauf hin, dass ich eben doch Angst habe, wenn auch unterbewusst. Ein kleines bisschen auf jeden Fall ! Wie sich später herausstellt, kreuzen sich diese Gefühle mit den Gedanken meiner Mami wie : ist das Risiko, das wir hier eingehen nicht doch ein wenig gross. Ist es richtig, dass ich meine halberwachsenen Kinder zu so etwas mitnehme?

Logbucheintragung

So. 30.12.1990, 13:00 Uhr Auslaufen Puerto Mogan, Südspitze von Grand Canaria // 1. Seetag

Wetter: dreiviertelbedeckt , SSE 5-7, grobe See, 1013 hp / Kpk 251°

Wir laufen anfangs unter Maschine und Groß mit Reff 1, um uns einzuschaukeln und um aus den Abwinden im Bereich der Insel herauszukommen. Die Stimmung an Bord ist etwas belegt, was Wunder ! Hätte heute nicht die Sonne scheinen können, wie in den letzten zwei Tagen ? Stattdessen ist es grau, diesig und wenig einladend. Wenn ich heute morgen noch lange oben von der Wetterstation am Kopf der Mole auf die See geschaut hätte, wären wir nicht ausgelaufen. Es sah alles nicht sehr verlockend aus, graue unendliche See mit vielen Schaumkämmen. Dann dachte ich, so ein Mist, reiß Dich zusammen! Du willst doch noch über den ganzen Atlantik ! Es gibt keine Sturmwarnung für die Strecke und jetzt hast Du schon Magengrummeln, weil draußen Windstärke 6 herrscht. Bloß weg hier und runter aufs Schiff. Der Wetterbericht hatte allerdings gestern Windstärke 3 für die ganze Gegend angesagt und nicht 6. Wie hatte es der Hafenmeister von Turquey in Cornwall noch vor drei Jahren über Wettervorhersagen gesagt ? : Believe it, when you see it! Recht hatte er.

Ich habe die Kabel des Windgenerators über Kopf angeschlossen und getestet, bringt 2 bis 5 Amp., also OK. Dann war mir furchtbar übel durch das Rollen. Die Selbststeueranlage streikt mal wieder, Fehlersuche (gestern beim Test im Hafen lief sie noch !) auf morgen verschoben. (Display OK, aber keine Aktion). Arndt ist leicht seekrank, aber alles ganz erträglich. Habe keine große Lust zu kochen und Hunger hat auch keiner. Habe Schwarzbrot verteilt. Das intensive Kauen hilft manchmal gegen Seekrankheit. Wenigstens ist es unter Deck warm und gemütlich. Das Problem am Anfang so manch einer Tour, wenn man auch noch gleich in Schlechtwetter kommt ist, dass Ausrüstungsgegenstände noch nicht richtig verstaut sind und durch das Schiff wandern, das haben wir nicht. Alles ist an einem längst ausprobierten und vertrauten Ort. Die vier Taschenlampen hängen immer an bestimmten Plätzen im Schiff, die Verschlüsse der Schapps sind bombensicher und kein Zirkel kann wie ein gefährliches Geschoß durch die Kajüte fliegen.

30.12.90 - 18:30 Uhr, Wetter halbbedeckt, SE 4-5, grobe See, 1010 hp / Kpk 251°, Groß mit Reff 1 (nachts Reff 2) + 3/4 Genua, 6,5 Kn.

Wir haben Vollmond. Melanie ist schwer seekrank, sie spuckt sogar beim Rudergehen. Ich übernehme ihre Nachtwache, bin sehr müde und froh, dass wir das zweite Reff zur Vorsicht noch bei Tageslicht eingelegt haben, Kommentar der Kinder : "Was ist denn mit Dir los ? Seit wann reffen wir bei so einem Wetter ?" - so brauche ich keine Sorge vor den Böen zu haben oder eins der Kinder aus dem Schlaf holen zu müssen. Der Seegang ist sehr unregelmäßig, ab und an steigt eine Welle, die von der Seite gekommen ist ins Cockpit ein, aber das bringt nur nasse Füße.

Der Wassergenerator mit dem passenden Namen "Yacht Power Generator" läuft prima und versorgt alles inklusive dem stromfressenden Kühlschrank mit Strom. Super !! Dabei wäre es damit fast schiefgegangen ! Beim Austauschen der schadhaften Starterbatterie hatte der Mechaniker die Minusanschlüssse der beiden nebeneinanderliegenden Batterien für Bordnetz und Starter vertauscht. Daraufhin spielte der Regler des Generators verrückt und blinkte beim Anschließen wie wild mit allen fünf Lämpchen. Habe die Verbindungen gleich gelöst und den Fehler durch Nachdenken gefunden, es scheint kein Schaden entstanden zu sein. Nun bekomme ich allerdings die Klemme des zweiten Minusanschlusses nicht an die Starterbatterie. Die neue Batterie hat eine andere Größe und das Kabelbündel ist zu kurz. Das bedeutet, ich muß die Kabel alle trennen und sehen, wo ich noch ein bißchen Länge herholen kann. Die Maschine wird aber heute nicht mehr gebraucht, denn die Batterien werden ausreichend geladen. Ich werde morgen sehen, was zu machen ist, jetzt ist es schon zu dunkel, um elektrische Feinarbeit zu machen.

Arndt :
Dann begannen sich die Probleme zu häufen........Die 1. Nacht lief der Schleppgenerator prima und produzierte allen Strom den wir brauchten. Jedoch schon am Morgen schaltete er sich von selbst aus. Nach der Gebrauchsanweisung ist das auch vollkommen richtig, dass er sich ausschaltet, wenn er zu heiß ist, aber er schaltete sich nicht mehr an! Nie mehr. Das bedeutete, dass wir alle frischen Lebensmittel, wie Fleisch, Aufschnitt und Milchprodukte bald verbrauchen mußten und nicht wie geplant Stück für Stück, denn der Kühlschrank hatte spätestens nach einem Tag ohne Strom seine Funktion verloren.

Es kam Silvester. Der Tag verlief ganz normal. Trotz der Wellen ließen wir das Schiff mit winzig kleiner, backgesetzter Fock abends treiben, um gemeinsam essen zu können. Silvester auf See das war schon was! Meine Mutter zauberte trotz starkem Geschaukel ein wunderbares Essen, das wir bei Petroleumlicht einnahmen. Es gab vorweg Salat, Aufbackbrötchen, von denen wir zwanzig Pakete aus Hamburg mitgebracht hatten mit Gänseleberpastete, und als Hauptgericht Filetsteak mit Backkartoffeln und Sour Cream und italienischer

Rotwein. Danach dachten wir an all unsere Lieben zu Hause. Wo sie gerade saßen und was sie gerade taten. Ob sie in diesem Moment wohl auch an uns dachten ?

Um 0:00 Uhr UTC weckte meine Mutter uns auf und wir stießen mit dem bis dahin mit Mühe kalt gehaltenen Champagner an. Zuerst wollten wir mitgebrachte Bengalische Fackeln anzünden, hatten dann aber Angst, der achterliche Wind könnte den heißen Rauch oder Funken in unsere Segel blasen und sie beschädigen. Silvester ohne Raketen und Knaller, das war bei uns ganz unnormal.

Logbucheintragung
31.12.90 // 2. Seetag
11:30 Uhr, Wetter halbbedeckt, ESE 3 dreht auf ENE 3-4, leicht bewegte See, 1010 hp / Kpk 251°, Groß + Genua ausgebaumt, 6,9 Kn.

Der Wassergenerator hat doch Schaden genommen ! Mist ! Er hatte sich in der Nacht abgeschaltet, was normal ist, wenn er eine bestimmte Temperatur erreicht, dann schaltete er sich aber nicht wieder zu, sondern ging beim Anspringen jeweils sofort in Leerlaufstellung. Es blinkten mal wieder viel zu viele Lämpchen am Regler. Alle Anschlüsse gelöst, vielleicht liegt es an den alten Batterien oder einem Fehler im elektrischen System. Ich werde versuchen ihn an die neue Starterbatterie anzuschließen. Aber erst morgen, denn jetzt brauche ich den durch die zusätzliche Nachtwache verlorenen Schlaf.

Das Silvestermenu war gelungen und schon etwas Besonderes. Arndt hat es allerdings teilweise im Cockpit eingenommen. Unsere Mägen sind noch etwas instabil. Die Stimmung ist gut, aber nicht überschäumend. Wir haben zum Essen beigedreht, damit wir alle zusammen sein können. Das Schiff liegt trotz der rauen See ganz angenehm und Platz nach allen Seiten haben wir ja wirklich genug! Bei einer solchen Gelegenheit merkt man, dass real nur das ist, was man selbst als Wirklichkeit zuläßt. Ohne Kalender und Uhr wäre an diesem Abend nichts anderes losgewesen, als an den folgenden, denn hier allein auf See mit lediglich unendlich viel mondbeschienenem Wasser um uns herum gab es nichts, was einen Jahreswechsel erkennen ließ.

00:oo Uhr 1991, !!!!!
Position 25° 26´15 N / 18°20´02 W - wenigstens der GPS funktioniert einwandfrei! Cross your fingers ! So Mancher hat mich vor dieser technischen Neuerung
gewarnt, aber mir scheint es das beste System zu sein, das auf dem Markt
angeboten wird. Und auch, wenn die Abdeckung mit Sateliten noch nicht per-
fekt ist, eine einzige exakte Position am Tag würde ja völlig ausreichen. Wir
sind alle drei im Cockpit. Auf unser geliebtes Feuerwerk haben wir aus Vorsicht
verzichtet. Wir sind alle recht müde und gleiten unter dem Vollmond dahin. Der
Champagner war OK, ich habe den Korken beschriftet für meine Sammlung.
Was uns das neue Jahr wohl bringen wird ?

1.1.91, 3. Seetag
Wetter : diesig, 14:oo Uhr auf direkten Kurs Nordspitze Martinique gegangen
275°. Alle Bäume geschiftet.
Melanie hat festgestellt, dass der GPS automatisch den Großkreiskurs berücksichtigt. Wie zeichnet man eine gekrümmte Kurslinie in eine Karte ? Ich habe
versucht das Solarpanel anzuschließen, um vielleicht doch etwas Strom für den
Kühlschrank zu gewinnen. Kann aber den Spezialregler dafür nicht finden. Wo

hab ich den bloß hin gepackt ? Irgendwie weit weg in einer weißen Plastiktüte, da ich das Panel eigentlich erst in der Karibik benutzen wollte. Abendessen : Boeuf Stroganoff. Ich muß das Frischfleisch verbrauchen, da der Kühlschrank nun nur noch stundenweise laufen kann. Der Windgenerator am Heck bringt den Strom für die Elektronik, die Positionslampen, die Kompassbeleuchtung, die Wasserpumpe und 2-3 Stunden Kühlschrank, damit kommen wir gut zurecht.

Melanie :
Nach zwei Tagen habe ich mich an die Situation gewöhnt. Das Wetter ist gut, und die Atlantiküberquerung wird zu einer grossen Tour, nicht viel anders, als die schon Bekannten, ein überschaubares Risiko also, und das Ganze nimmt eine gewisse Routine an. Dass immer mal irgendetwas kaputt ging war zu erwarten, aber meine Mutter hatte mit Ersatzteilen vorgesorgt und ging jeden Tag mit stoischer Ruhe daran etwas zu reparieren. So hatten wir aufgebackene Brötchen und frische Pizza auf dem Atlantik bis kurz vor Martinique die Aufhängung des kardanischen Herdes einfach durchgesägt war vom Geschaukel. Oft habe ich unser Abendessen geplant, das immer das High Light des Tages war, wenn wir mit Vivaldi oder Mendelson in den fahlgelben Sonnenuntergang segelten.

Arndt :

Am Abend, ich hatte meine Wache schon begonnen und meine Mutter rauchte noch eine Zigarette bei mir im Cockpit, da machte es sirr! Und unser Windgenerator, die letzte Stromversorgungsquelle außer unserem Motor verließ uns. Die gesamten 5 Windblätter waren zusammen mit dem Mittelteil ins Wasser gefallen. Und zu allem Übel ließ sich die Maschine nicht starten, als meine Mutter am nächsten Tag wenigstens damit die Batterien laden wollte, nachdem sie mühsam die einzelnen Kabel wieder an die Batterie geklemmt hatte. Doch das konnte uns alles nicht mehr aus der Ruhe bringen. Da wir keinen Strom hatten, konnten wir zwar unsere Selbststeueranlage nicht benutzen. Aber sie war sowieso kaputt. Der Fehler war nicht zu finden. Das Überqueren der 2.800 Meilen Wasser war also 100 % Handarbeit. Doch genug Zeit um alles zu reparieren (oder es wenigstens zu versuchen) hatten wir nicht, weil wir viel schliefen und die Freizeit lieber mit anderen nötigeren Sachen wie Kochen, sich waschen (möglichst wassersparend) oder aufräumen verbrachten. Außerdem wollte jeder auch mal einfach auf seiner Koje liegen und ein Buch lesen. Ich rate auf so eine Reise viele Bücher mitzunehmen. Ich konnte da lesen: Gremlins 1, Bücher von Ephrahim Kishon aber auch Fachbücher zu den Themen, die mich interessierten. Ich hatte z.b. Bücher über Mayas und alte Kulturen von Terra X mit. Besonders zu empfehlen ist das Buch "Der gelbe Vogel" (Vorausgesetzt man ist etwa in meinem Alter). Aber die Freizeit verging sowieso immer viel zu schnell und der Wecker klingelte immer, wenn ich die schönsten Träume hatte.

Logbucheintragung
2.1.91 // 4. Seetag
09:20 Uhr, Wetter diesig mit Sonne, NE 3-4, leicht bewegte See, 1012 hp / Kpk 278°, Groß + Spi, Etmal 150sm.
Um 02.20 Uhr verabschiedete sich unsere bisherige Stromquelle. Der ganze Rotor des Windgenerators fiel ins Wasser und war sofort verschwunden. Ich hätte die Schraube vor der ABftahrt noch mal nachziehen sollen ! (Eintrag auf meiner Checkliste für's nächste Mal). Ersatzblätter hatte ich zwar, aber nicht das Mittelstück. Nun muß das Sonnenpanel ran.
Morgens streikte der Backofen. Die Flamme schlug immer wieder durch den Brenner, also die Nadel oder auch Düse des Petroleumbrenners auswechseln. Eine verlockende Arbeit bei dem Geschaukel! Da frische Brötchen weniger wichtig sind, als die Stromversorgung, habe ich die Reparatur erst einmal verschoben.
Das Log funktioniert auch nicht mehr. Nun sind wir auf den GPS angewiesen oder auf die Relingslogge. Werde die Leitungen nachsehen, wenn es etwas

ruhiger werden sollte. Verkrautung des Gebers ist auszuschließen, da wir einen Staudruckmesser haben, an dem sich nichts verfangen kann und Seepocken können sich bei der Fahrt auch nicht angesetzt haben. Im Laufe des Tages habe ich das Sonnenpanel angeschlossen, nachdem ich endlich den Regler unter dem Bodenbrett im Vorschiffschrank gefunden hatte. Meine Prüflampe brannte. Jubel!! Dann Enttäuschung, die Batterien zeigen keine Wirkung. Das mühsam gefundene Relais schaltet nicht ein. Sind die Batterien doch defekt ? Bei Batterie 1, ist eine Zelle etwas schwächer als die anderen, Batterie abgeklemmt und Solarpanel nur auf Batterie 2 gelegt. Durch den Seegang rutscht natürlich im Schiff alles hin und her. Ich klemme die Werkzeuge zwischen die Zehen, damit sie griffbereit sind, muß dabei aber auch aufpassen nicht selbst in den offenen Motorraum im Boden zu fallen. Mein Magen schätzt diese Turnerei gar nicht, ich muß immer wieder eine Pause einlegen und frische Luft im Cockpit tanken.

Den Stromverbrauch haben wir auf ein Minimum reduziert. Positionslampen, Innenbeleuchtung etc. alles auf Petroleum umgestellt. Windeinfallmesser und Kompassbeleuchtung ist nachts ein Muß, da wir immer achterlich auf der Kante segeln und der Wind in den Regenböen um zehn bis zwanzig Grad dreht. (Natürlich immer in die falsche Richtung, sodass wir vom Kurs abweichend mitdrehen müssen). Den GPS schalten wir nur an, wenn wir eine Position nehmen wollen. Gut, dass er notfalls auf Batterien läuft, denn die habe ich reichlich mit. Tiefenmesser und Log sind verzichtbar, das Radio auch, sollten die ersten Migs über uns hinwegziehen hat sich die Irankrise verschärft. Aber ob Gorbatchov noch Präsident ist oder nicht, ist im Augenblick nicht unser größtes Problem.

Abends die Maschine gestartet, um Batterien zu laden und die Welle zu schmieren. Nach zehn Minuten ging sie langsam blubbernd aus und ließ sich nicht mehr starten!. Das auch noch, es ist wie verhext ! In den Leitungen um den Kraftstofffilter ist kein Diesel. Leitung zu den Wasserabscheidern abgeschraubt. Gottseidank hatte ich in Lissabon eine Superzange gekauft, die auf jede Muttergröße einstellbar ist. Beim Lutschen an der Leitung kam Diesel (Bäh !), also keine Verstopfung zwischen Dieseltank und Maschine, wenigstens etwas. Sonst hätte ich den Tisch ausbauen müssen um an den Tankdeckel heran zu kommen. Da es dunkel wurde, habe ich die weitere Reparatur auf morgen verschoben.

Ich kann nicht einschlafen obwohl ich müde bin, fühle mich deprimiert. Ich denke darüber nach, ob es richtig war auf diese Fahrt zu gehen. War ich doch zu unbefangen an die Sache herangegangen, wie mir viele Freunde mahnend gesagt hatten ? War ich einfach dickköpfig gegen alle Hemmnisse angegangen und hatte zu wenig berücksichtigt, dass der Weg bis zur ABftahrt noch nicht der Weg bis zum Ziel war ? Was wird, wenn ich die Maschine nicht wieder in Gang bringe und wir doch in einen West-Sturm kommen ? Die Segelmanöver würden dann sehr langwierig und viel gefährlicher werden, als mit Maschinenhilfe. Oder noch schlimmer, wenn einer von uns über Bord fallen würde ? Schnell zu wenden und genau beim Schwimmer seitwärts anzukommen würde sehr schwierig werden. Meine Gedanken werden immer düsterer. Aber die Kinder waren rührend, als ich mit ihnen über das Problem mit der Maschine und über die Möglichkeit jetzt noch umzukehren sprach. Sie meinten, wir könnten doch auch ohne Maschine nach Martinique kommen, Kolumbus hätte schließlich auch keine gehabt. Recht haben sie.

Aus meiner Koje unter dem Cockpit kann ich Arndt im Mondschein am Ruder sitzen sehen, er singt. Es sieht aus, als würde er auf dem Dom Achterbahn fahren, so wie er sich in die Bewegung des Schiffs legt. Melanie hat meist ihren Walkman mit am Ruder, was ich eigentlich nicht gern habe, weil ich meine, man muß die Fahrtgeräusche mitbekommen, wenn man Ruder geht. Aber ihr ist es so lieber und Wohlfühlen ist jetzt wichtig. Beide sind ganz toll. Wo ist bloß meine eigene Energie und Zuversicht geblieben ? Ich schnappe mir noch eine Zigarette und meinen gelben Gedichtband nebst Taschenlampe zum Trost. Nach einiger Zeit geht es mir besser. Irgendetwas muß ich morgen erfolgreich reparieren, das wird mich wieder aufrichten !

Do. 3.1.91 // 5.Seetag
Im Laufe des Tages immer wieder gewaltige Wolken und heftige Schauer. Die erste Wolkenwand kam von vorn. Mächtige dunkle Türme mit einem kleinen Durchlaß in der Mitte. Ich dachte, dass dies im Norden viel und lange Wind bedeuten würde und habe erstmal die Genua fast weggenommen. Es kam dann auch reichlich Wind, bis 7 Bft, aber nach einer dreiviertel Stunde war es wieder vorbei. Im Laufe des Tages kamen die Wolkenbänke mehr von der Seite, Wind und Seegang aber von hinten. Habe weiter ohne viel Effekt mit dem Solarpanel experimentiert. Batterien auf 12 Volt Spannung, Tendenz sinkend.

22:30 Uhr, NE 6-7, halbbedeckter Himmel, Mond (wenigstens das, er erspart uns teilweise die Kompassbeleuchtung), bewegte See, 1012 hp
Sind wir schon im Passatgürtel, sind das die vielbeschriebenen Passatwolken ? Jetzt kommen die Fronten von hinten in Streifen diagonal über den Himmel. Position 23°45´30´´N / 25°38´06´´W, Groß mit Reff 1 + halbe Genua ausgebaumt (das Einreffen des Groß war ohne Maschine schwierig, die Latten machen das Segel sehr unhandlich, dafür steht es aber einmalig).

Fr. 4.1.91 // 6.Seetag
07:30 Uhr, Wetter halbbedeckter Himmel mit Sonne und Schauern, NE 5-6, grobe See, 1012 hp / Kpk 270°, Groß mit Reff 1 + viertel bis halbe Genua, Etmal 160sm.
Ein fliegender Fisch ist auf dem Schiff gelandet, Melanie hat ihn heldenhaft wieder ins Wasser zurückbefördert. Wir haben eine hohe achterliche See, es ist anstrengend zu steuern. Nach den Regenböen entstehen neben den Hauptwellen seitlich Wellensysteme, die die Hauptwellen kreuzen und sich manchmal schmatzend an den Schiffsseiten hochwinden, um sich ins Cockpit zu ergießen. Also alle Lüftungen im Cockpit geschlossen halten! In der Nordsee

hatte ich das einmal vergessen. Danach konnte ich zwei Wochen meine Koje nicht mehr benutzen, weil sich eine Welle ins Cockpit verirrt hatte. Es ist schwer vorstellbar, wieviel Wasser durch eine Öffnung von zwanzig mal zehn Zentimeter kommen kann ! Der Schwall kam über meine Koje bis an die Pantry, wo ich gerade mit Mela beim Abwaschen war. Das Steuerrad können wir keine halbe Minute loslassen, sonst läuft das Schiff aus dem Ruder. Wie schön wäre eine funktionierende Selbststeueranlage! Aber die Fehlersuche kann ich mir im Augenblick sparen, wir hätten sowieso keinen Strom, um sie zu benutzen. Wolkenbänke kommen von hinten mit hoher Geschwindigkeit angefetzt und bringen Wind und Regen, aber es ist warm. Keine kalten Finger, wie in der Ostsee! Meine Laune ist nach ausreichend Schlaf wieder besser, was soll sein - uns geht es gut und "Xani" läuft wie die Pest. Um 10:24 Uhr haben wir nur noch 1.997sm vor uns!

Sa. 5.1.91 // 7.Seetag
07:15 Uhr, Wetter halbbedeckter Himmel mit Sonne und Schauern, NE 5-6, grobe See, 1016 hp / Kpk 270°, Groß Reff 1 + viertel Genua, Etmal 143sm, Batterien 11,6 Volt.
Nachts hatten wir wieder einen großartigen Sternenhimmel und Meeresleuchten um uns herum. Wir zogen einen glitzernden Schweif aus irisierenden Wasserteilchen hinter uns her. Es ist nachts überwältigend hier draußen, wenn man nicht gerade mit den Böenwalzen kämpfen muß, die in unregelmäßigen Abständen über uns hinwegziehen. Allein auf Nachtwache empfinde ich das Zusammenspiel von Naturgewalt, Technik und Mensch ganz besonders als intensives Glücksgefühl. Zumindestens, solange der Mensch die Kontrolle über die Abläufe in der Hand behält ! In dieser Nacht sehen wir das Erste- (und Letztemal) ein Flugzeug. Wir stellen uns vor, wie wir von dort oben, als winziger, weißer Punkt im Atlantik gesehen werden. Aber sicher sind da noch einige Segler mehr auf dieser Strecke, von denen wir nur nichts wissen.
Vor der Fahrt hatte ich mich gefragt, wie ich wohl mit dem Gefühl zurechtkommen werde, dass um uns herum nur Wasser sein wird und Land eben nicht wie beim Küstensegeln in einigen Stunden erreichbar ist. Aber schon auf dem Abschnitt zwischen Portugal und Madeira wurde mir klar, dass mir eine Dimension fehlt, um das tatsächlich zu empfinden. Man sieht um sich herum nur Wasser, OK, aber das passiert auch zwischen Fehmarn und Bagenkoop. Wieweit hinter dem Horizont noch Wasser oder schon Land ist, kann man weder in der Ostsee noch auf dem Atlantik tatsächlich wahrnehmen. Erst beim Bick auf die Karte sieht man es. Es ist insofern kein neuer, beunruhigender Eindruck auf dem Boot zu sein und kein Land zu sehen. Auf mich übt das Gefühl, viel freien Seeraum um mich herum zu haben, eher eine beruhigende Wirkung aus. Wenn etwas kaputt geht, kann man in aller Ruhe überlegen, was zu tun ist und das Schiff in eine stabile Lage bringen. Man braucht in solchen Situationen nicht auch noch

mit Untiefen, Tonnen, Grundseen, Berufsschiffahrt oder ständig trawlenden Fischern zu kämpfen.

14:oo Uhr Groß heruntergelassen und eine Latte festgenäht, ob das wohl hält ? Der Spanner war bei einer von Melas´s unfreiwilligen halben Halsen (die Bullentaille war natürlich immer gesetzt) weggeknackt. Die Rutscher unseres neuen, durchgelatteten Großsegels und die Mastschiene passen nicht zusammen, sodass der Druck auf den Rutschern und den Lattenspannern viel zu groß ist.

Die Wasserabscheider die ganz voll waren (die Maschine war angeblich nach Inspektionsanleitung in Gran Canaria gewartet worden....) und den Kraftstofffilter gewechselt. Der zweite Wasserabscheider war völlig festgefressen und ich bekam ihn nicht los. Meine Hände waren zu klein, um ihn richtig zu umfassen. Melanie hat ihn schließlich geschickt losbekommen, gerade als ich ein Loch hineinbohren wollte, um ihn mit einem Schraubenzieher als Hebel drehen zu können.

Maschine entlüftet. Blöde Konstruktion, das Pumpenrad ist ganz geriffelt, ich habe eine Blase am Daumen bekommen, aber die Maschine läuft wieder ! Wenn auch erst mit mehreren Anläufen. Unser aller Laune ist dadurch erheblich gestiegen. Es ist schon putzig, schon denke ich wieder an den Kühlschrank, dabei ging es auch ohne. Pizza zum Abendessen gebacken, lecker. Zwei Glas Rotwein getrunken vor meiner Wache. Das war ein schwerer Fehler. Meine Konzentration war stark eingeschränkt, was bei der achterlichen Kreuzsee im Dunkeln schlimm war. Der Horizont war kaum auszumachen, da die Wolken den halben Mond bedeckten. Ich hoffte immer nur, dass Arndt bald käme, um mich abzulösen. Also wie bisher : einen Drink nur nach der Wache zum Abturnen!!

Arndt :
So schnell der starke Wind uns auch nach vorne trieb, er machte uns sehr zu schaffen. Da ich Segelhandschuhe nicht mag, hatte ich mittlerweile dicke Schwielen an den Händen, die allerdings auch sehr nützlich sein können. Meine Mutter sagte mir einmal, dass wenn einem ein Mißgeschick widerfährt, meist alles auf einmal schief geht. Und sie wußte gar nicht wie recht sie hatte. Am Nachmittag sah ich, wie die schwarzen Wolken von hinten kamen. Meine Mutter war zum Glück noch in der Nähe. Das Großsegel schlug leicht back gegen die Bullentaille und es kam ein bißchen mehr Wind. Ich entschied mich zu warten bis der Wind weniger geworden war, denn ich hatte Angst den Mast beim zurückschlagen des Baums zu kappen. Doch ich hatte eins nicht bedacht ! Das Schiff drehte durch den Segeldruck und ich konnte das Groß nicht mehr aus eigener Kraft zurück bringen. So stoppte die Fahrt ganz und nach kurzer

Zeit standen wir auf der Stelle. Meine Mutter kam herauf und bemerkte sofort die mißliche Lage. Sie sagte mir, dass ich mit dem Ruder so stark gegenlenken sollte, wie ich nur konnte. Als sie feststellte, dass es so nicht zu schaffen sei, wollte sie die Maschine anstellen, aber sie funktionierte natürlich wiedermal nicht, sondern blubberte nur ein bißchen mißmutig. Ich konnte es einfach nicht glauben. Der Wind ist meiner Meinung nach ein fühlendes und hinterlistiges Ungeheuer. Und er kam auch prompt mit der Wolkenfront, die uns mittlerweile eingeholt hatte. Der Wind stieg schlagartig auf 8 bis 8 1/2 Bft und ich fühlte mich wie Arnold Schwarzenegger bei dem Versuch den Mount Everest nach New York zu tragen. Der Ruderdruck war mittlerweile so stark, dass ich Angst hatte, ein Bolzen der Umlenkrollen könnte brechen. (Hatten wir alles schon gehabt)

Nun begann das Schiff etwas zu tun, was ich nie für möglich gehalten hatte. Es segelte rückwärts. Langsam aber bestimmt! Dann kam ein unmenschlicher Regen herunter, der einem bayerischen Hagelschauer gleichkam. Die Situation verschlimmerte sich auch noch dadurch, dass durch das Rückwärtssegeln die achterliche See, die inzwischen höher geworden war, so etwa 4-5m hoch, mich fröhlich und gleichmäßig erwischte. Ich bekam einen Krampf im linken Arm, weil ich mit diesem Arm gegenhielt.

Meine Mutter, die mittlerweile auch naß war, redete inzwischen dem Motor gut zu. Als sie merkte, dass dies nichts nützte, entlüftete sie ihn. Diese Regen- und Windböe war eine der längsten und stärksten die ich auf dem Atlantik erlebt habe!! -Wie immer in solchen Situationen.

Wieder versuchte meine Mutter den Motor zu starten. Er blubberte nur ein paarmal und gab dann wieder auf, für mich hörte sich das eher wie ein sadistisches Lachen an. Es schien alles vergebens. Doch dann geschah das Wunder und der Motor sprang nach neuerlichem Entlüften beim zweiten Anlassen doch noch an.

Allerdings war auch zur gleichen Zeit die Front vorbeigezogen. Wir schafften es, das Schiff ganz langsam über das Heck drehen zu lassen und ließen das Großsegel ganz dichtgeholt zurückschlagen. Doch ich war nass und der Schreck saß mir noch im Bauch. Und wie ! Ich hatte zwar einen Regenanzug mit Hose an, aber das hatte alles nichts genützt. Doch das war mir im Moment auch egal, nichts war gebrochen und wir konnten weiter, nun plötzlich im Sonnenschein. Wie sagte noch meine Mutter? Nach dem Gesetz der größten Gemeinheit, kommt alles auf einmal ! Eine falsche Überlegung von mir, dann plötzlich stärkerer Wind und dann das Versagen der Maschine ! Wie recht sie hatte. Das Erlebnis saß mir so in den Knochen, dass ich die komischsten Träume davon hatte.

Logbucheintragung
So. 6.1.91 // 8. Seetag

08:20 Uhr, Wetter dreiviertelbedeckter Himmel, schwere Schauerböen, NE†4–7 in Böen 8, grobe See, 1015 hp / Kpk 275°, Groß Reff 1 + viertel bis achtel Genua ausgebaumt, Etmal 157sm, Batterien 11,6 Volt.

Maschine noch zweimal entlüftet. Natürlich ging sie aus, als wir sie brauchten. Arndt war das Groß in einer Böe backgeschlagen und das Schiff stand auf der Stelle. Die Bullentaille ließ sich nicht kontrolliert lösen und das ganze Geschleuder bei 8 Windstärken loszuschmeißen, zu wenden und dann alles wieder zu schiften hatte ich wenig Lust. Die Belastung für die Segel wenn sie beim Wenden schlagen würden war mir auch zu groß und dazu hätte ich auch Melanie, die gerade eingeschlafen war wecken müssen, also versuchte ich mich wieder an der Maschine, was letztlich auch klappte. Wenn solche Schauerböen sich über uns ergießen ist die See fast glatt, so heftig kommt der Regen herunter. Danach gibt es aber immer wieder ein bißchen Sonne und einen Streifen blauen Himmels.

Die Bordbatterien laden unter Maschinenfahrt nur, wenn das Solarpanel nicht angeschlossen ist. Wieso ? Der Wassergenerator gibt auch auf der abgetrennten neuen Batterie kein Lebenszeichen von sich, also ist auszuschließen, dass er wegen eines Fehlers der Batterien oder des Bordnetzes nicht funktioniert. Nun kann ich noch versuchen den Regler zu öffnen und kurzzuschließen. Dafür muß es aber an Bord etwas ruhiger sein, da ich die Kabel danach innen zusammenlöten muß . Die teuren seewasserfesten Stecker am Heck sind alle voll Wasser und die Pins teilweise korrodiert. Ich muß sie abbauen und trocknen, um einen Kurzschluß im Netz auszuschließen.

Arndt :

In der nächsten Zeit kehrte dann normales Bordleben ein. Der Tagesablauf war eigentlich immer gleich, bis auf Kleinigkeiten und auch meiner Schwester ging es wieder gut. Erst nach der ersten Woche fing ich an, auf besondere Dinge zu achten. Ich bin sehr an Biologie interessiert und so achtete ich auf alles, was damit zu tun hat und mir fallen schon die kleinsten Dinge auf. Im flachen Wasser sehe ich gut getarnte Bodenfische, wenn andere noch nicht mal die normalen Fische gesehen haben. Und so fiel mir schon nach einer halben Woche ein kleiner, braungesprenkelter Vogel auf, der mit beachtlicher Geschwindigkeit über die hohen Wellen raste, wahrscheinlich auf der Suche nach kleinen Fischen. Ich sah ihn den ganzen Atlantik über, aber immer nur fliegend. Nach knapp einer Woche schaute ich kurz vor Sonnenaufgang über die See und sah, dass sich etwas knapp über dem Wasser bewegte. Es glitt über die Wellen-kämme und verschwand dann wieder im Wasser. Ich traute meinen ich Augen nicht. Drei fliegende Fische flogen wie eine Eskorte gegen den Wind und gegen die Fahrtrichtung etwa drei Meter vom Schiff weg an unserer Steuerbordseite vorbei. Nach etwa zwanzig Meter Flug über den Wellen tauchten sie auf einmal wieder in das Wasser ein.

Danach fielen sie mir auf einmal scharenweise auf. Ich erzählte es mittags mei-ner Mutter die daraufhin auch gerne welche sehen wollte. Ich beobachtete sie nun laufend. Immer wenn ich Wache hatte schaute ich um mich herum und sah oft welche. Ich stellte fest, dass sie praktisch so lange fliegen können wie sie wollen und auch wohin sie wollen. Außerdem stellte ich fest, dass die großen Exemplare sehr ausgewogen flogen und die Kleinen doch noch sichtlich Prob-leme hatten..

Mehrmals beobachtete ich, wie gleichzeitig fliegende Gruppen zusammenstie-ßen. Zum Beispiel : Zwei fliegende Fische springen, der eine gerade aus, der andere weicht einer Welle aus und fliegt gerade zu auf den anderen zu. Voll-treffer !! Ein Mal flog ein älterer ziemlich langer Fisch, verschätzte sich bei der Landung mit den Wellen, streift mit der Schwanzflosse das Wasser und über-schlug sich mehrere Male bevor er ins Wasser eintauchte.

In einer Nacht sprang mir sogar ein Fisch ins Cockpit und er sträubte sich sicht-lich dagegen, dass ich ihn wieder herausbefördere. Mittlerweile hatten auch meine Mutter und meine Schwester fliegende Fische gesehen. Ich hatte schon vor der Reise in Büchern über fliegende Fische gelesen und dass sie nach schwerem Wetter auf Deck liegen, aber erlebt hatte ich es natürlich noch nie.

Eines Morgens wollte meine Mutter mir ein kleines, totes Exemplar zeigen, das sie an Deck gefunden hatte. Sie hielt ihn zwischen zwei Fingern und kam gerade ins Cockpit, da kam eine Welle und meine Mutter schwankte ein wenig. Der Wind tat sein Übriges und nutzte diese Situation aus. Er wehte den Fisch aus der Hand meiner Mutter heraus direkt zurück in sein Ursprungselement. Ich möchte an dieser Stelle den unbegründeten Verdacht ausschließen, dass ich mich mehr um fliegende Fische gekümmert habe als um das Steuern. Mit nichten ! Da der Wind immer über Ost schwankte, mal mehr südlich mal mehr nördlich, mußte ich höllisch aufpassen, dass das Großsegel nicht backschlug, wie ja schon beschrieben.

Bei wenig Wind kam auch noch das Probleme Welle hinzu. Der Wind hielt dann im Wellental die Segel nicht mehr straff mit seinem Druck, sodass bei hohem Wellengang die Segel schlugen und in dem Moment besonders leicht backschlagen. Mit diesen Problem hatten wir alle zu kämpfen. Diese Wahrnehmung ging so in Fleisch und Blut über, dass ich noch nachts in der Koje die Muskeln anspannte und immer irgendwie darauf wartete, dass der Wind wieder ins Segel drückte, nachdem das Schiff ins Wellental gerauscht war. Passierte das mal nicht und es fing oben an zu scheppern, saß ich sofort aufrecht - bis ich dann endgültig eingeschlafen war.

Logbucheintragung :
Mo 7.1.91 // 9. Seetag
08:15 Uhr, Wetter halbbedeckter Himmel, lockere Wolken und Sonne, NE 4-5, leicht bewegte See, 1016 hp / Kpk 275°, Groß Reff 1 + halbe Genua, Etmal 152sm, Position: 21°48′09′′N/ 35°00′14′′W. Batterien 11,5 Volt.
Um 01:15 Uhr. Ein Schiff in Sicht. Es ist länger als 75 Meter und läuft mit langsamer Fahrt von WNE nach ESE. Uns hat sicher niemand darauf gesehen, denn der Schein unserer Petroleumlampe ist in der bewegten See bestimmt nicht auszumachen.
13:00 Uhr Wir sind jetzt 8 Tage unterwegs und haben schon fast die Hälfte des Weges geschafft. Es ist wunderbar! Dazu das schönste Bikiniwetter. Segeln vom Feinsten. Melanie und Arndt beginnen nachzurechnen, dass wir meine prognostizierten 24 Tage unterbieten könnten. Nach dem Motto, wenn es so weitergeht könnten wir schon nach 19 Tagen da sein. Ich versuche sie etwas zu bremsen. Wir könnten ja noch einen Sturm von vorn bekommen oder Flaute. Aber der Ergeiz ist bei beiden geweckt und Segelmanöver werden noch klagloser durchgeführt als bisher. Wir haben Schwärme von fliegenden Fischen

gesehen. Einer von ihnen lag auf dem Vorschiff. Wir werden versuchen ihn zu trocknen. (wobei er allerdings seine schönen Farben verlor).

Di. 8.1.91 // 10. Seetag
08:oo Uhr, Wetter: bedeckter Himmel, Schauer, SE 5-7, in Böen 8, grobe See, 1012 hp / Kpk 275°, Groß Reff 1 + einachtel bis einviertel Genua ausgebaumt, Etmal 148sm. Batterien 11,4 Volt.
Stürmisch bis 16:oo Uhr, dann klärte es sich schnell auf und die Sonne kam heraus. Groß heruntergelassen und die Latte zum zweiten Mal repariert. Diesmal Segeltuch drumherum genäht. Das ist bei dem schweren Tuch sehr mühsam, habe immer Angst mit der Nadel abzurutschen beim Durchdrücken. Es ist noch ein Rutscher an einem Lattenspanner gebrochen, die Schäkel sind einfach zu kurz. Bei achterlichen Wind ist zuviel Druck auf den Beschlägen. Solange wir jedoch nicht hoch an den Wind müssen, geht es mit den großen Zwischenräumen zwischen den Rutschern.
Genua gegen Fock getauscht. In der Genua zeigten sich senkrechte Risse auf beiden Seiten in der Beschichtung. Die Spektrastränge sind unverletzt, aber mir ist das Risiko zu groß, dass das Tuch doch wegknallen könnte. Ich meine, dass diese Art von Material nicht geeignet ist, gerollt gefahren zu werden. Elvström war da anderer Ansicht, hat uns aber nach der Rückkehr kostenlos ein anderes Segel gegeben. Zwischen 2 1/2 und 5 1/2 Windstärken war es allerdings ein traumhaftes Segel. Nach der Reise bekamen wir eine Kevlar-Tuch Kombination mit zwei senkrechten Latten, die sich auch gerollt sehr gut bewährt hat, wenn man diese so einrollte, dass die Latten genau am Vorstag anlagen. nur das Wechseln bzw das Herausziehen und verstauen der 17m und 15m Latten war immer ein Kampf.

Mi. 9.1.91 // 11. Seetag
08:15 Uhr, Wetter : lockere Wolken und Sonne, SE 4-5, schwach bewegte See, 1014 hp / Kpk 270°, Groß Reff 1 + Fock, Etmal 142sm, Batterien 11,6 Volt.
Bäume geschiftet. Backofen wiedermal repariert, dann frische Brötchen gegessen, herrlich ! Wir hatten reichlich Aufbackbrötchen mit, die wir unterhalb der Wasserlinie verstaut haben, damit sich kein Schwitzwasser in den Tüten bildet. Sie haben sich bis in sie Karibik gut gehalten.
Die Batterien laden auch unter Maschinenfahrt kaum. Nach drei Stunden Maschinenfahrt haben die Batterien 11,8 Volt erreicht, eigentlich müßten sie mit Maschine gleich auf 13,8 V springen. Wahrscheinlich liegt es daran, dass wir die Maschine nicht unter viel Last fahren können, (max 1.800 Touren) da bei

der hohen Geschwindigkeit durchs Wasser und der schiebenden See das Schiff mit zusätzlichem Vorschub nicht zu steuern ist. Vielleicht sind die Batterien aber auch so erschöpft, dass sie kaum Strom aufnehmen. Nun, wir sind bisher zurecht gekommen, was soll schon sein. -(In Martinique stellte sich heraus, dass die neue im Frühjahr von der Werft eingebaute Lichtmaschine fehlerhaft gewesen war, deren Halterung schon in der Biskaya abgebrochen war ! - Sing mir das Lied von Handwerker! –)

Andererseits, es ist erstaunlich mit wieviel weniger Technik auszukommen ist, wenn die Gewöhnung an die Informationen da ist, die die Natur von sich aus gibt. Nach kurzer Zeit hatte jeder von uns seine Lieblingssternbilder, von denen er weiß, dass sie auf Westkurs voraus in der Nacht auftauchen werden, dann irgendwann senkrecht über uns stehen, um hinter uns wieder im Meer zu versinken. Schade, dass ich vergessen habe die Sterntafel mitzunehmen, die ich gekauft hatte. So konnten wir die Sterne nicht benennen, aber wir haben eigene Namen gefunden und mit ein paar Kurven wären wir wohl auch ohne Kompass nach Westen gekommen.

In der Nacht fand ich, sind meine Ohren der beste Windeinfallmesser den es gibt. Bei Wind von hinten ist genau zu merken welches Ohr angeweht wird. Wenn beide Wind haben muß ich aufpassen und wenn dann nur noch das zweite Ohr Wind hat, ist es höchste Zeit Ruder zu legen. Diese Information ist viel direkter, als die elektronische, die erst mit einer gewissen Verzögerung anzeigt und im Dunkeln nur schwer zu sehen ist. - Jetzt weiß ich endlich, dass es auch Vorteile hat, große Ohren zu haben!

Do 10.1.91 // 12. Seetag

08:15 Uhr, Wetter : lockere Wolken und Sonne, SE 3-4, leicht bewegte See, 1012 hp / Kpk 275°, Groß Reff 1 + Fock ausgebaumt, später Spi   Etmal 142sm.

Das Solarpanel lädt immerhin die Batterie der Videokamera. Das ist doch auch etwas ! Spi für drei Stunden gesetzt. Riß entdeckt und den Lindwurm ins Schiff genommen. Ganz schön mühsam so einen kleinen Riß in all dem Stoff zu finden. Für die Nacht das Groß ausgerefft, jetzt fehlt die Genua. Für die Leichtwettergenua ist noch zuviel Wind.

Melanie :

Begeistert haben mich die Nachtfahrten – eine merkwürdige Mischung aus Erfurcht vor dem Unendlichen des Sternenhimmels, die wohl jeden Menschen befällt, der einen freien Blick auf den Nachthimmel hat, wie auch ein bisschen

Furcht, ob der in solchen Nächten realistisch scheinenden Möglichkeit, dass plötzlich ein riesiges Ungeheuer aus den Tiefen des Meeres auftaucht. So kann man auch die alten Geschichten der Seefahrer verstehen. Mami sagte, sie hätte das so auch einmal nachts quer ab von Alderney gefühlt, als die stark ablaufende Tiede gegen den Wind stand und die See sich schäumend über dem Schiff brach. Da hätte sie an die alten Bilder von weißen Rössern gedacht, die nachts über die See jagen.

Nachts, mit der Natur allein. Das wird auf der Fahrt zusehends angenehmer! Je näher wir unserem Ziel kommen, desto weniger haben wir mit nächtlicher Kälte zu kämpfen, noch ist das Aufstehen zur Nachtwache unangenehm, wenn ein warmer Wind die Haut anhaucht.

Ich habe Nachts immer Musik gehört, mir die Sterne angeschaut, und über das Leben nachgedacht. Oder vielmehr vom Leben geträumt.

Wie so oft der Fall, wenn man weitab von jeglichem Alltag ist, sind die Gedanken über das Leben und über die Zukunft geprägt vom Wesentlichen. Was dann zählt sind die wahren Freundschaften, etc., nicht Gedanken daran wieviel

Geld man zum Leben nun wirklich braucht, um nur ein Beispiel zu nennen. Sehr schön ist das.

Arndt :
In 5 Km Entfernung ist Land (senkrecht nach unten!!
Nach etwa einer Woche (kann auch ein bißchen mehr gewesen sein) war Badetag. Die Sonne strahlte vom Himmel und wir liefen unter Spinaker. Da wir die Segel nicht bergen wollten und auch sonst zuviel Angst hatten, dass jemand verloren ging, wenn er ins Wasser ginge (Haie, Strömung) taten wir dies an Deck. Wir nahmen größerer Bottiche an Deck und einen Eimer mit Schnur. Alle Bottiche wurden mit Hilfe des Eimers gefüllt und dann begossen wir uns erstmal mit Salzwasser.   Wir hatten Meerwasser taugliches Shampoo, mit dem wir uns einrieben. Dann übergossen wir uns wieder mit dem Seewasser. Es hatte übrigens eine wunderbare Temperatur. Trotzdem ist eine Borddusche zu empfehlen (unter Borddusche verstehe ich einen schwarzen Wassersack mit Brause daran, den man mit Salzwasser füllt und irgendwo aufhängen kann. Ich hatte Wache, also war ich der letzte mit Duschen. Nun war ich an der Reihe. Ich bereitete alles vor, wehrte ein paar Filmversuche meiner Mutter ab mich nackt von hinten zu filmen und dann fing ich an zu baden. Das Wasser, in den Wannen von der Sonne noch ein bißchen angewärmt, war herrlich. Ich war nach dem Abtrocknen erstaunt, dass ich nicht eine einzige Salzkruste am Körper hatte, nichtmal in den Haaren. Tolles Schampoo!
An diesem Badetag war das zweite Mal richtiges Spinackerwetter. Also hatten wir den Ballon gesetzt, segelten bei anfangs 3 Windstärken und machten dem GPS zufolge zeitweise 11,4 Knoten über Grund! Das konnte gut angehen, denn wir hatten schon vor langer Zeit festgestellt, dass es bei 7 Knoten Geschwindigkeit am Heck blubbert und bei 8 Knoten das Schiff anfängt zu vibrieren. Und es vibrierte so stark, dass man es überall deutlich merkte. Ich war gerade fertig mit Baden und meine Mutter auch. Sie ging nur mit einem Handtuch bekleidet und ohne Brille unter Deck.
Doch dann kam es! Meine Schwester hatte Wache und vor lauter Freude über die Geschwindigkeit bemerkten wir alle nicht, dass mittlerweile konstant 5 Windstärken wehten achterlich gemessen. Viel zuviel!! Dann krachte es und meine Schwester saß am Ruder mit bleichem Gesicht. Der Spinnacker hatte sich an seinem oberen Ende am Mastbeschlag gelöst und war nach vorne ins Wasser gefallen. Was ihr gleich einfiel war, das Getriebe vom Motor rauszuziehen damit die Schraube nicht mehr mitdrehte. Sie vergaß aber, dass sie dem Spinnaker ausweichen konnte. Stattdessen fuhr sie voll drüber. Meine Mutter

und ich stürmten nach oben und sahen nur noch, wie der Spinnacker unter dem Boot verschwand b.z.w. meine Mutter sah bestimmt nicht viel ohne Brille, aber ich. Der Spinnacker tauchte auf der Backbordseite am Heck wieder auf und der Wind pustete ihn uns entgegen und wir zogen vorn an Bord, was wir in die Finger bekamen. Doch dies war schwer und planlos, da der Spi durch das Überfahren wie eine Schlaufe um den Rumpf lag. Als uns nach dem ersten Schreck klar wurde, dass nichts Ernstes passiert war, sahen wir uns alle an und mußten erstmal vor Erleichterung lachen.

Wenn uns jemand hätte sehen können, hätte der sicher auch gelacht : Bei strahlender Sonne und blauer See saß meiner nackte Mutter vorn auf den Resten des Spies um zu verhindern, dass er sich wieder aufblähte, ich rannte von vorn nach achtern und zog an der einen oder anderen Ecke und meine Schwester hielt voll konzentriert Kurs. Dann holte meine Mutter erstmal ihre Brille und zog sich wenigstens Schuhe an und wir konnten anfangen den Spinnacker sinnvoller zu bergen.

Als erstes holte ich den Spischlauch mit dem Fall herunter und packte alles was von dem Spinnacker an Deck übriggeblieben war zusammen. Während meine Mutter die Schoten losgeschmissen hatte und an zwei Stellen die Reste auseinander schnitt, um das bergen zu können, was sich unter dem Rumpf verfangen hatte. Alles kam in den Segelsack, der an Deck festgebunden war und dann holten wir unsere alte kleine Fock heraus, baumten sie aus und weiter ging es, wenn auch leider viel langsamer .

Doch der Spinnaker war nicht das einzige Segel, was uns zu schaffen machte. Das durchgelattete Groß, das bei jedem Wind so super stand hatte einen Fehler: wenn das Segel bei achterlichem Wind 90 Grad von seiner Normalstellung weg ist, was unsere häufigste Segelstellung auf dieser Fahrt war, sind die Ösen der Rutscher an den Lattenspannern, die die Latten im Segel halten, zu kurz, so dass der Druck so hoch ist, dass sie einer nach dem anderen wegrubbelten, da sie aus Kunststoff sind. Allerdings hielten einige und deshalb war das nicht so gravierend. Doch das 2. Problem kommt erst: der mittlere Lattenspanner war ganz auseinandergebrochen, sodass das Lattenende frei war und die Latte drohte nun rauszufallen. Wir versuchten sie einzunähen, was auch nicht einfach war bei dem dicken Segeltuch. Doch dies half nicht, das Lattenende scheuerte sich immer wieder durch das aufgenähte Segeltuch, also blieb nur noch Hoffen. Das nützte natürlich auch nichts und so verließ uns die Latte mit einem leisen "Platsch" ausgerechnet in meiner Nachtwache. Ich sah im Dunkeln nur kurz die helle Lattenkante, dann war sie weg. Aber auch dieser Vorfall konnte uns nicht mehr schocken. Meine Mutter blieb ganz ruhig, als ich es ihr beim Wachübergang erzählte. Na, schließlich hatte sie die Latte ja selbst eingenäht.

Logbucheintragung

Fr 11.1.91 // 13. Seetag

08:15 Uhr, Wetter : lockere Wolken und Sonne, E†3–4, leicht bewegte See, 1012 hp / Kpk 275°, Groß + Fock, später Spi, Etmal -141sm.
Bei herrlichem Wetter haben alle auf dem Vorschiff geduscht. Als ich danach nackt und ohne Brille unten im Salon stand, brach die Spinackertopleine (verdammt, ich hatte beim Duschen auf dem Vorschiff noch gedacht, was für eine tolle Fahrt wir machen ! 13,4 Knoten durchs Wasser! Zu toll !) Spi im Wasser. Leider haben wir den Spi nur in Stücken geborgen und haben nun nur noch die Fock. Kompliment an Noth Sails in Martinique. Sie haben den Spi in drei Tagen wieder zusammengenäht und das so gut, dass wir ihn noch jahrelang gefahren haben.
Habe das Solarpanel direkt an den Kühlschrank angeschlossen. Wirkung gleich null. Beim Wiederherstellen der alten Verbindungen den Plus- und Minuspol verwechselt. (Warum können Elektriker nicht immer Kabel mit den richtigen Farben verwenden ?) Die Flachsicherung am Kühlschrank ist davon durchgeknallt. Habe reichlich davon mit, aber wo sitzt das Ding ? Angeblich hinten am Aggregat. Die Installation ist ein Scherz. Es ist unmöglich in den Schrank hineinzukommen in dem das Kühlschrankaggregat eingebaut ist. Ich schaffe es nur mit einen Arm über dem Kopf und auf dem Rücken liegend, um dann mit der Kopflampe auch noch etwas zu sehen. Endlich gelingt es mir, nach der Gebrauchsanweisung des Kühlschranks die Sicherung zu finden und auszuwechseln. Es war allerdings noch eine Plastikkappe über der Sicherung, die in der Installationsanweisung nicht erwähnt war. Warum stimmen die Zeichnungen nie mit den Geräten überein? Danach ist mir furchtbar übel. Warum hab ich das eigentlich gemacht ? Wir haben doch sowieso nicht genug Strom, um das Ding in Aktion zu versetzen.
Melanie erbarmt sich meiner und macht das Abendbrot : leckeren Kartoffelsalat mit Gürkchen, Tomaten und dazu Würstchen. Ihr erster Vorschlag unsere Dosen mit französischem Enteneintopf zu öffnen verstärkten meine Übelkeit nur, das Säuerliche tat meinem Magen aber gut. Nach meiner Ruderwache geht es mir besser. Wir segeln wieder direkt in einen dieser schönen Sonnenuntergänge hinein, nach denen man süchtig werden kann. Sie tauchen das ganze Meer in gelben, unwirklichen Schein bis die Sonne orangerot hinter dem Horizont verschwunden ist. Das ganze unterlegt mit Musik von Vivaldi die gut zu den wiegenden Schiffsbewegungen paßt, das ist einfach grandios

36

Sa 12.1.91 // 14. Seetag

08:oo Uhr, Wetter : halbbedeckter Himmel, heftige Schauer, ESE 4-5 in Böen 8, grobe See, 1008 hp / Kpk 270°, Groß + Fock, Etmal 144sm., Batterien 11,5 Volt.

Nasser, mühsamer Tag, aber wenigstens nicht kalt. Unsere Stimmung ist gut, inzwischen schlafen wir bei jedem Seegang. Jeder hat da sein eigenes System gefunden, teils mit Kissen und Schlafsack in die äußerste Ecke gekeilt oder wie ich mit weit ausgestreckten Armen, damit ich nicht hin und her rolle. Schlaf ist sehr wichtig um frisch, gutgelaunt und konzentriert zu sein. Am Beginn hatte ich gesagt, dass jeder in die freie Koje zum Schlafen gehen kann in die er möchte, aber inzwischen liegt wieder jeder von uns in seiner Stammkoje.

So. 13.1.91 // 15. Seetag

08:15 Uhr, Wetter : halbbedeckter Himmel mit Sonne, Schauer, ESE 4-5, leicht bewegte See, 1010 hp / Kpk 275°, Groß + Fock, Etmal 162sm.

Im Laufe des Vormittags flaut der Wind ab und die Schauer werden seltener. Ein wunderschöner Regenbogen spannt sich über den Horizont. Jeder an Bord hat einen Wunsch frei. Ab **11:oo Uhr** begleitet uns ein kleiner Wal. Arndt hat ihn beim Rudergehen entdeckt. Er ist 5 bis 6 Meter lang und taucht unter uns durch, schwimmt mal vor, mal hinter unserem Schiff. Um 13:3o Uhr verabschiedet er sich mit drei Sprüngen senkrecht aus dem Wasser. Es ist beeindruckend. Wir können genau sehen, dass es ihm Spaß macht hochzuschießen und sich dann wieder rückwärts ins Wasser fallen zu lassen. Glücklicherweise tut er es in einiger Entfernung zum Boot.

Über das zufällige Zusammentreffen mit Walen hatte ich mir viele Gedanken gemacht, denn Berichte von Seglern darüber waren recht widersprüchlich. Stimmten die Geschichten, dass Segelschiffe untergegangen waren, nachdem sie durch einen Walangriff leckschlugen ? Passierte das, wenn Walkühe mit Kälbern sich bedroht fühlten oder das Unterwasserschiff rot oder orangefarben gestrichen war ? Konnte man einen großen Wal dadurch verscheuchen, dass man die Maschine laufen ließ oder machte es ihn eher aggressiv ? War es möglich, nachts auf einen dicht unter der Wasseroberfläche schlafenden Wal aufzulaufen und dadurch ein Leck zu riskieren oder verhinderte das besondere Sensorensystem der Wale solche unerwünschten Berührungen, die auch ein aufmerksamer Rudergänger im Dunkeln nicht hätte verhindern können ? Unser kleiner Wal konnte hierauf natürlich keine Antwort geben. Wir hatten den Eindruck, dass er versuchte Kontakt zu dem größeren "Tier" aufzunehmen. Arndt meinte sogar, er hätte bei den ersten Malen die der Wal unter uns durchgetaucht war gespürt, dass er ein wenig an unserem Unterwasserschiff längsgeschrammt wäre. Später schwamm er mehr neben dem Schiff, dann in immer größerer Entfernung.

Arndt :
Eines mittags, ich hatte Wache, schaute ich ins Wasser und sah einen langen schwarzen Schatten uns überholen. Ich hielt es erst für eine optische Täuschung. "Blödsinn", dachte ich, " bist du jetzt schon vollkommen bescheuert" ? Doch beim zweiten Mal sah ich genauer hin und machte dabei wohl ein paar laute Geräusche. "ES" schwamm scheinbar erstaunt über die Geräusche seitwärts weg und ich konnte seinen weißen Bauch sehen. Ich sagte zu meiner Mutter, die an der Pantry war: "Mama, ich möchte Dich ja nicht beunruhigen, aber.....aber da schwimmt etwas Großes, Schwarzes an uns vorbei! Dies mit dem "nicht beunruhigen" ist ein Satz der meine Mutter immer gleich alarmiert, ähnlich wie der bei uns Kinder in Hafeneinfahrten so beliebte Satz : "Mama, ich kann den Grund sehen ! ".
Sie kam schnell hoch und schaute, doch es war gerade nichts zu sehen. Sie sagte mir natürlich, es sei ein Schatten gewesen und ich würde es mir nur einbilden. Typisch Mutter, doch sie blieb noch eine Zeit und begann die Landkarte zu filmen für unser Video. Auf einmal war es wieder da, ich schrie: "da ist es!!" Mama". Wo ? Wo denn ? Also ich seh´ nichts". "Na, da!" Und dann konnte sie es auch sehen. "Tatsächlich!" Wir schauten genau und stellten fest, dass es ein etwa 7 Meter langer Wal war, alleine. Er schwamm immer von hinten ans Schiff heran und tauchte dann unterm Kiel durch und wiederholte das Spielchen. Manchmal holte er Luft. Dann schwamm er eine Weile neben dem Schiff her, dabei rollte er sich über seine Längsachse und zeigte seinen weißen Bauch. Vielleicht hielt er uns für einen größeren Artgenossen, denn unser Rumpf ist auch weiß mit schwarzem Unterwasserschiff. Meine Mutter, die immer Angst vor einer Begegnung mit einem Wal gehabt hatte, war auch ganz begeistert und sogar Melanie hatte ihn mit Hilfe ihrer Brille entdeckt. Nach einer Stunde war er auf einmal weg. Doch er kam wieder. Nach drei Stunden schwamm er weiter weg und verabschiedete sich mit fünf grandiosen Luftsprüngen. Es war unglaublich wie er es schaffte, seinen großen Körper elegant senkrecht aus dem Wasser zu heben und dann mit einer halben Schraube rückwärts abzutauchen.

An diesem Tag war sehr gutes Wetter. Das Wetter auf dem Atlantik kann sehr wechselhaft sein. Es gibt am Tag Momente, wo du keine Wolke am Himmel siehst. Eine halbe Stunde später bittest du schon um eine Regenjacke, da eine Wolke immer näher rückt. So eine Regenfront ist im allgemeinen sobald sie dich erwischt kurz und bündig. Es fängt sehr plötzlich mit dem stark zunehmenden Wind an. Dieser springt schlagartig von 4 1/2 auf 8 Windstärken und dreht leicht so um 20 bis 30 Grad. Dann kommt ein unglaublicher Regen, der die ganze See in eine Mondlandschaft verwandelt und die Wellenkämme ganz flach macht. Doch dies alles dauert nur wenige Minuten, selten mehr als zehn. In Nord- und Ostsee ist man gewohnt, dass wenn das Wetter sich zuzieht, dieser Wetterzustand auch für 24 Stunden anhält. Hier nicht! Das Wetter ist fast so wechselhaft wie englisches Aprilwetter. Ändert sich jedoch der Wind für längere Zeit, kann das für den Rudergänger ganz besonders und dann auch für die anderen sehr ungemütlich werden. Der Wind wird dann langsam und ständig mehr und damit auch die Welle. Da sich aber nicht nur die Stärke ändert, sondern mit der Stärke auch die Richtung, kommen zu den ohnehin höher gewordenen Wellen auch noch einzelne große Querläufer dazu, die einem das Rudergehen schwer machen. Der Ruderdruck zieht einen dann nach rechts oder links und man muß sich zwischen der Gefahr zu halsen oder die Fock backschlagen zu lassen durchschlängeln. Meine Mutter hatte uns eingeschärft bei zunehmenden Ruderdruck das Vorsegel zu verkleinern oder notfalls fliegen zu lassen, aber das war leichter gesagt, als getan. Fliegenlassen wollte ich es nicht, denn das alarmiert alle, die unten schlafen und einrollen ist bei dem

Ruderdruck ganz schön schwierig. Da fehlt mindestens eine Hand. Die Erfindung der Selbsteueranlage war schon ganz grandios, zumindestens, wenn sie funktionierte. Die Höhe der Wellen im Schnitt schätze ich auf etwa 5 - 6 Meter. Da die Welle immer von hinten kam, konnte ich das recht gut beurteilen. Wenn man beim Rudergehen hinter sich schaut und ist gerade im Wellental, dann geht die Welle hinter einem kurz bis unter die erste Saling. Bei 15 Metern Mast über Deck kommt es mit 5 Metern gut hin.

Auch Kochen ist eine verdammt schwere Sache bei solchem Wellengang. Wir stellten fest, dass einige feste zusätzliche Ösen bei der Pantry sehr nützlich gewesen wären, denn dann könnte man sich mit dem Lifebelt dort festhaken und hätte zum Kochen und Greifen zwei Hände frei. Doch solche Sachen fallen einem fast haufenweise während oder nach der Reise ein, nie aber vorher. Ewig ist man im Kampf mit den Töpfen und Pfannen und besonders damit, dass der Inhalt drin bleibt. Zuerst mistrauten wir dem heftig schaukelnden Herd und stellten ihn wieder fest, aber dann schwappte alles aus den Töpfen, während es beim Schwingen erstaunlicherweise ziemlich vollständig drin bleibt, wenn der Topf nicht zu voll ist. Ich selbst habe das Kochen nur zweimal bewältigen müssen und bewundere deshalb meine Mutter und meine Schwester die täglich für das Abendessen sorgten. Außerdem finde ich es beachtlich dass meine Mutter nach einer Stunde mit dem Kopf über dem Motor oder in der Bilge hängend immer noch Appetit hat. - Reiner Selbsterhaltungstrieb, sagt sie. Wichtig war für uns alle die tägliche Frage, was es wohl zum Abendessen geben würde. Ich muß sagen, unser Essen war sehr gut. Wir hatten die meiste Zeit noch frische Zutaten und zusätzlich zwei Konservenschapps, die sich sehen lassen konnten. Zweimal gab´s Pizza, sie war ausgezeichnet. Wir erfanden ganz neue Techniken zum Vorbereiten, Kochen, Essen, Abwaschen und überhaupt für alles. Den Pizzateig z.B. knetete meine Mutter in einem Gefrierbeutel, sodass sie mit dem Beutel auf dem Schoß im Sitzen beide Hände zum kneten benutzen konnte und dabei alles sauber blieb.

Frühmorgens wenn wir wenig steif waren, mochten wir alle einen warmen Hühnersuppeneintopf gern, der sich Oma`s Suppentopf nannte und ganz prima war. Der erzeugte ein wohliges Gefühl im Magen und ließ einen zufrieden in die Koje abtauchen. Für solche Gerichte sind hohe Isobecher toll, die nur halb gefüllt werden. Damit bekommt man seine Suppe auch wirklich von der Pantry über den Niedergang ins Cockpit. Diese ziemlich häßlichen Dinger sind einfach unverzichtbar bei der Schaukelei. Wir haben dann eine sehr sinnvolle Halterung konstruiert, die man in die Niedergangsnut einschieben könnte um dann dort die Becher abzusetzen bis man selbst ins Cockpit geklettert war. Allerdings wurde sie nie gebaut, aber das Nachdenken darüber hat Spaß gemacht. Die Standartantwort meiner Mutter war, wenn wir fragten, wie wir etwas erledigen sollten : " Mach was Sinnvolles". Und so ließen wir uns allerhand einfallen, wie z.B. dass Abtrocknen viel besser ging, wenn wir alles in einen leeren Eimer

taten, uns unten auf den Fußboden mit dem Rücken zu einem Schrank setzten und dort abtrockneten. So hatte man beide Hände zur Verfügung, denn im Stehen brauchte man immer eine davon, um sich festzuhalten.
Je länger wir im Passatgürtel waren um so besser wurde das Wetter. Es war so warm am Ende, dass ich in Jeans und T–Shirt Nachtwache ging, allerdings die dünne Regenjacke immer in Griffweite. Wir merkten, dass der Zeitpunkt wo wir Land erreichen mußten, immer näher kam. Ich beobachtete immer häufiger Seevögel. Weiße Seeschwalben mit schwarzen Hauben und langen Schwanzfedern wie bei Fasanen. Auch graufüßige Vögel waren dabei.

Melanie :
Eine Atlantiküberquerung kann schon viel bieten, Wale, fliegende Fische, Meeresleuchten und auch mal Zeit zum Lesen, wenn man sich an den Schlafrythmus gewöhnt hat und deshalb wieder weniger Schlaf braucht, ich las z.B. "Krieg und Frieden" auf der Reise. Und tolle Sternenhimmel haben wir gesehen. Hier sieht man viel mehr Sterne als im Norden und sie hängen auch ziemlich tief. Wie tief, kann folgende Diskussion zwischen mir und meinem Bruder eines Nachts illustrieren:
- Arndt, komm´ sofort hoch, dort drüben ist ein Schiff !
- Gib´mal das Fernglas. Hm. Ich kann kein Schiff sehen.
- Doch natürlich, dort drüben - siehst du nicht die Beleuchtung an der Mastspitze ?
- Mela, das ist ein Stern !
- So ein Unsinn ! Seit wann gibt es Sterne, die so niedrig über dem Wasser sind ?!
- Aha, gibt es also nicht ! Deshalb schiebt sich auch gerade eine Wolke über dein "Toplicht" was ?
Wie man sieht, sind Diskussionen zwischen Geschwistern auch auf dem Atlantik so, wie sie immer sind ! Aber auf der ganzen Fahrt waren wir sehr,sehr friedlich und kooperativ. Erst in Martenique haben wir uns wieder gekappelt wie zu Hause auch oft.

Logbucheintragung
Mo. 14.1.91 // 16. Seetag
08:10 Uhr, Wetter : Sonne, SE 4-5, mäßig bewegte See, 1010 hp / Kpk 275°, Groß + Fock, Etmal 167sm.
Den Regler des Wassergenerators geöffnet und die Vergußmasse entfernt. Diesmal war sie weicher, als beim letzten Mal in der Biskaja und ließ sich mit dem Schraubenzieher ganz gut entfernen. Die Drähte sind sehr kurz und das Löten bei der Schaukelei entsprechend schwierig. Um 18:oo Uhr war ich fertig

und sehr gespannt, ob er funktionieren würde. Als wir das ganze Geschleuder im Wasser hatten und nach unten rasten, zeigten die Batterien sofort Wirkung. Die Spannung stieg schlagartig von 11,1 auf 11,8 Volt. Sieg! Warum hatte ich das nicht schon längst gemacht ? Leider stand in der Gebrauchsanweisung nicht, nach wie vielen Stunden der Generator heißläuft und abgeschaltet werden muß. Wir entschieden uns, die Turbine, die an einer acht Meter langen, flexiblen Welle hängt, alle 5 Stunden für 2 Stunden aus dem Wasser zu nehmen. Das stellte sich allerdings als sehr schwierig heraus, da wir das Brett, das die Welle bei Fahrt stoppen sollte nicht finden konnten. – Ja, es war da ! Es lag unter der Matratze der linken Vorderkoje, aber gefunden hab ich es erst in Marttenique. - Beim ersten Versuch die Welle mit der Turbine zu bergen, hätte ich mir fast zwei Finger abgeklemmt, weil ich nicht gewartet hatte, bis das Schiff wirklich stand und die Welle ohne Zug senkrecht nach unten hing. Ohne alle Segel zu lösen und die Maschine rückwärtslaufen zu lassen, war das Schiff nicht zum Stehen zu bringen. In den Wind drehen wollten wir nicht jedes Mal, weil das sehr viel Zeit gekostet hätte. Die Abschaltautomatik des Reglers war schon eine sehr sinnvolle Einrichtung gewesen,- wenn sie denn funktionierte. Ich schärfte den Kindern ein, die Turbine nur gemeinsam ins Wasser zu lassen, damit sich nichts vertörnen konnte. Hätte ich mich nur selbst an diesen weisen Rat gehalten ! Aber ich meinte natürlich, ich könnte es auch allein und prompt hatte ich morgens beim ins Wasserlassen einen Törn in der Welle, die sich aufdrehte wie eine Spirellinudel, als die Turbine ins Wasser eintauchte und zu rotieren begann.

Aus und vorbei, die ganze Welle glich einem Korkenzieher und war völlig unbrauchbar. Wie ich mich ärgerte ! Der Mensch ist eben die größte Fehlerquelle bei solchen Unternehmungen ! Melanie und Arndt vermieden es peinlichst meinen Fehler zu erwähnen, um meinen Ärger nicht noch zu erhöhen. Wirklich sehr rücksichtsvoll. Ich war irgendwie froh, dass es nicht einem von ihnen passiert war, denn ich war nicht sicher, ob ich auch so rücksichtsvoll gewesen wäre!

Di. 15.1.91 // 17. Seetag
09:00 Uhr, Wetter : halbbedeckter Himmel mit Sonne, ESE 4-6 in Böen 8, grobe See, 1007 hp / Kpk 275°, Groß + Fock, (teilweise gerefft) Etmal 150sm. Wir sind zu weit südlich, Bäume nachts beim Wachwechsel geschiftet. Zu Arndt´s Beruhigung habe ich die kleinen Blinklampen am Oberarm montiert, damit er sieht wo ich auf dem Vorschiff bin. Noch sind es 345 sm bis zur Nordspitze von Martinique. Ein wunderschöner, dramatischer Sonnenaufgang à la

Caspar-David Friedrich, entschädigt für den mittlererweile fehlenden Mond. Ich habe den Sonnenaufgang heute gefilmt, was allein auf Wache ziemlich schwierig war, aber wunderschöne Bilder brachte. Die Böen peitschen uns voran, aber ein Teil der sausenden Fahrt geht durch die Kurven nach links und rechts verloren, wenn der Ruderdruck sehr hoch ist.

Mi. 16.1.91 // 18. Seetag

08:00 Uhr, Wetter : dreiviertelbedeckter Himmel mit Sonne und schweren Schauerböen, E 4-7 in Böen 9, sehr grobe See, 1007 hp / Kpk 271°, Groß + Fock (teilweise gerefft), Etmal 152sm. (noch 192,9 sm !)
Der Backofenbrenner ist wieder kaputt, also keine Frühstücksbrötchen. Ich habe beschlossen ihn nicht mehr auf See zu reparieren. Wir sind ja bald da ! Oh, wie sich das anhört!   Wir haben viel Regen und sehr wechselhafte Winde, noch zweimal die Bäume geschiftet. Das Rudergehen ist sehr anstrengend, weil der Ruderdruck beim herabsurfen von der Welle sehr hoch wird und es volle Aufmerksamkeit und schnelles Reagieren verlangt das Schiff auf Kurs zu halten. Xani ist eben kein Langkieler, der hierbei Kursstabiler gewesen wäre, aber dafür ist sie schön flott. - Man kann nicht alles haben! - Wir träumen alle von einem Schlafplatz, wo wir uns nicht mit Kissen und Schlafsack festkeilen müssen, um zur Ruhe zu kommen. Ich hatte gedacht in der Nähe der Karibik würde der Wind nachlassen, aber der Atlantik zeigt uns nochmal, was er so in sich hat. Je näher wir unserem Ziel sind, desto ungeduldiger werde ich.

Um 21:oo Uhr ist die kardanische Aufhängung des Herdes an einer Seite abgebrochen, bzw. durch das Schaukeln sauber durchgesägt worden. Was alles passieren kann ! Warum haben die auch Bronze für die Halterung genommen und nicht V2A ? Melanie ist sehr müde, sie kann bei dem ständigen Lärm, der im Schiff bei der Schaukelei herrscht, schlecht schlafen. Mich selbst stört das wenig, da ich seit Jahren mit Ohrstöpseln in die Koje gehe. Das dämmt alle unwichtigen Geräusche ab. Aber ich glaube, Melanie fühlt sich auch ein wenig einsam auf dieser Fahrt und wäre gern mit mehr Menschen unterwegs. Sie hat natürlich recht, man hätte dann mehr Abwechselung und jemanden zum Reden, nur es ist nicht so einfach gerade für einen solchen Törn mehrere Personen zu finden, die sich blind verstehen. Wir sind aufeinander eingespielt und mit unseren Eigenheiten seit Jahren vertraut. Ich hoffe nur, Melanie genießt unser Abenteuer insgesamt trotzdem.

Arndt :

Am 18. **Tag** war uns allen klar, vorausgesetzt der GPS stimmte, dass wir heute Land sehen würden. Ich lag in der Koje, halb schlafend, als ich schallend die Stimme meiner Mutter vernahm: " LAAAAND IN SICHT !!!!!!!!! " " LAAAAND IN SICHT !!!!!!!!! "

Nun ja, ich hob mich langsam aus dem Bett, streckte mich und stieg zur Luke hinaus. Mit meinen müden Augen schaute ich zum Horizont und !!! sah ... nichts!!! - "Doch, da, was so aussieht wie die graue Wolken, das ist Martinique! Ganz sicher." sagte meine Mutter. Auch meine Schwester kam und zusammen schauten wir angestrengt nach vorne. Langsam war uns klar, dass der Schatten am Horizont Land war. Mit einem mäßigen: "das wurde ja auch langsam Zeit", ging ich wieder ins Bett. Irgendwie war das noch nicht wirklich Land und wie die Karibik auf den Fotos, sah es schon gar nicht aus. Ich schlief wieder ein und träumte von Palmen und Strand. Einige Male wurde ich noch ganz schön an die Bordwand gedrückt und das Vorschiff stampfte in der See. Meine Mutter war auf den anderen Bug gegangen, aber solange sie nicht rief, war es wohl nicht so schlimm.

Ich las noch eine halbe Stunde, schlafen klappte nicht mehr, dann reizte mich der Ausblick doch. Ich machte mich fertig und ging hinaus. Meine Mutter war sichtbar froh mich zu sehen und meinte sie hätte eh gleich nach mir gerufen, um die Segel flacher trimmen zu können, da wir höher an den Wind mußten. Das war mit den fehlenden Rutschern am Groß nicht so einfach, ich zog es so gut es ging mit der Cunningham runter. Zu blöde, immer in solchen Situationen findet man keine freie Winsch oder Klampe an der richtigen Stelle, wenn gerade alles stramm ist! Langsam konnte ich die vollkommen grünen Hänge und Berge sehen, und ich stellte fest, dass sich alle Strapazen und die Schwielen an meinen Händen, die sich an die Form des Ruders angepaßt hatten, gelohnt hatten. Dann waren wir nahe genug dran um wirklich Palmen, Inselchen und kleine Strände zu sehen. Und dann das Ereignis: Menschen!! Die ersten Menschen die wir sahen, waren eingeborene Fischer, die in gelbem Ölzeug, dass irgendwie für mich typisch Norddeutsch ist, für mich ziemlich komisch aussahen. Aber es waren Menschen und ihr kleines Boot, dass manchmal hinter einem Wellenkamm verschwunden war, zeigte sehr gut, wie hoch die Wellen waren.

Wir segelten im Sonnenschein an der Westseite der Insel in Richtung Fort de France. An den Bergen, die mit Wald bewachsen sind hingen die schwarz-lila Wolken fest, die uns vor Kurzem noch so zu schaffen gemacht hatten. Neben uns, mitten im Wasser eine kleine bewachsene Felsinsel, die aussah, als hätte sie jemand dahin gestellt. Wir sahen auch ein kleines Dorf an der Küste, in dem auch ordentlich Betrieb herrschte.

Auf einmal erfaßte uns eine Fallböe und natürlich ging ich gerade Ruder. Die Böe war so stark, dass das Schiff stark krängte und ich es nicht mehr am Wind halten konnte, wir mußten aufmachen und ablaufen. Und dazu noch die aufmunternden Worte meiner Mutter: "Jetzt kommt der Mast gleich runter!" Doch zum Glück war es wieder schnell vorbei.

Ich sah jetzt öfter Kokosnüsse an uns vorbeischwimmen. Am Nachmittag liefen wir dann in Fort de France ein. Eine große Hafenbucht mit einer imposanten Fort-Mauer rundherum. Wir versuchten Anker zu werfen und stellten erstmal fest, dass die 30 Meter lange Ankerkette zu kurz war um den Anker fassen zu lassen. Wir waren in zu respektvoller Entfernung von der Küste geblieben, da unser Tiefenmesser auf der 500m Einstellung kleben geblieben war und wir nicht wußten wie tief es hier war. Er hatte die großen Tiefen im Atlantik wohl nicht verkraftet. Nachdem wir näher zu den anderen Schiffen, die in der Bucht lagen, rangefahren und endlich fest waren, wollte ich natürlich sofort an Land. Ich fing nach kurzer Pause an, das Schlauchboot klarzumachen und wollte unbedingt den neuen Außenborder ausprobieren. Aber irgendwie war ich müde und döste doch wie meine Mutter und meine Schwester auch, träge ein wenig vor mich hin. Als ich dann alles zusammengebaut und ausprobiert hatte, war es zu spät zum Einklarieren. Das Land mußte noch einen Tag auf uns warten. Wir aßen noch eine Kleinigkeit, dösten in der Dämmerung, horchten auf die Geräusche die von Land kamen, und fielen in die Koje. - Alles weitere sollte der nächste Tag zeigen.

Logbucheintragung
Do 17.1.91 // 19. Seetag (ab 13:oo Uhr)
08:00 Uhr, Wetter : dreivierteldbedeckter Himmel mit Sonne und schweren Schauerböen, E 4-7 in Böen 9, sehr grobe See, 1007 hp / Kpk 271°, Groß + Fock (teilweise), Etmal 159sm !!!
Um 11:oo Uhr : Land in Sicht !!! Nach 17 Tagen und 18 Stunden !! Wir stehen etwa 6 Meilen vor der Küste. Eine Stunde vorher hatte ich ein offenes Fischerboot gesichtet mit drei Farbigen in gelbem Regenzeug darin, die aber von uns keinerlei Notiz genommen hatten. Sie waren ganz schnell wieder, wie eine Erscheinung zwischen den hohen Wellen verschwunden. Waren sie überhaupt da gewesen, oder hatte ich mir das nur eingebildet ? Die Welt um mich herum war irgendwie unwirklich, ebenso wie die Vorstellung heute noch die andere Seite des Atlantiks erreicht zu haben. Wir rauschten mit rund 9 Knoten durchs

Wasser. Die aufgewühlte See war in ein lilagelbes Licht getaucht, blauschwarze, riesige Wolken fetzten über den Himmel, dazwischen eine fahle, gelbliche Sonne. Es sah eher nach Weltuntergang aus, als nach lieblicher Karibik ! Zuerst tauchten von Martinique nur dunkle Schatten zwischen den noch dunkleren Wolken auf, die aber in der nächsten flächendeckenden Regenböe wieder völlig verschwunden waren. Aber dann war ich mir sicher, es war Land! Ich konnte auch schwach die Umrisse von Domenica sehen.
Erst rief, dann brüllte ich: "Land in Sicht" , "Land in Sicht" - bis Melanie und Arndt endlich im Cockpit auftauchten, die es ziemlich gelassen nahmen. Es war ja schließlich zu erwarten gewesen, dass nun langsam Land auftauchte oder etwa nicht ? Sie verzogen sich schnell wieder mit dem Kommentar in die Koje: "Ruf uns, wenn mehr zu sehen ist". Und bis ich beim Runden der Nordspitze wirklich ihre Hilfe brauchte. Der Wind, der etwas abgeflaut war, hatte wieder zugenommen und wir mußten höher an den Wind, um um das Kap zu kommen. Wegen der ausgebrochenen Großrutscher am Mast, war das Großsegel nicht stramm und flach zu kriegen, was das Schiff stark krängen ließ und viel Ruderdruck erzeugte. Meine Arme wurden immer länger. Es war noch mal ein ganz schöner Kampf. Dann nach zwei weiteren Kreuzschlägen hatten wir die Nordspitze Martinique`s in respektvollem Abstand (nur nicht so kurz vor dem Ziel noch leichtsinnig werden !) gerundet. Ich bin sicher, dass man bei Nacht und eventuell unsicherer Position die Annäherung an diese Insel bemerkt. Die Atlantikwellen rollen so donnernd auf die Felsen, dass man schon taub sein muß, um dieses nach der langen Fahrt ganz ungewöhnliche Geräusch nicht zu bemerken.
Gleich hinter dem Kap, - Sonne, Frieden, fast Windstille und unwirklich. Die schwarzlila Wolken hingen an den hohen Gipfeln der anderen, der atlantischen Inselseite. Die Küste war so schroff, felsig und steil, dass es auch die Küste von Irland oder Norwegen hätte sein können, wenn da nicht Strand und Palmen mit dem Fernglas zu sehen gewesen wären und es natürlich auch schön warm war.

Wir hatten es wirklich und wahrhaftig geschafft !!!!!

Nach einer Pause, in der wir die herrlichen Farben, das leichte Wiegen der kleinen Wellen genossen und alle recht einsilbig und ein bißchen benommen waren, weil wir erst einmal realisieren mußten, dass wir wirklich auf der anderen Seite des Atlantiks waren, warfen wir die Maschine an und dampften in Richtung Fort de France.

Um **16:4o Uhr Ortszeit** warfen wir auf der Rade de Flammment Anker. Dort dösten wir alle vor uns hin. Überlegten wen wir alles morgen benachrichtigen wollten – Handies gab es noch nicht ! Ich hatte aber schon über Funk ein Telegramm an meinen Freund Gerd absetzen können, dass wir heil angekommen waren und er bitte die Väter der beiden Kinder informieren möge. Er informierte auch Helmut Kern, den ehemaligen Hamburger Wirtschaftssenator und nun Chef der Hamburger Hafen- und Lagerhaus AG der ein enger Geschäftsfreund von mir war. Als den die Nachricht in einer Sitzung erreichte fragte er nur trocken : „ Martenique ? Wollte sie denn da auch hin ? „ - Ja, Helmut wollte ich ! Wir Betrachteten schläfrig den Nachmittag und den Sonnenuntergang, machten uns Drinks mit Würfeleis, das sogar per Boot an die Schiffe von kleinen Booten gebracht wurde ! Keiner von uns war sehr gesprächig. Aber erst einmal mußte Arndt die beiden Dinge tun, die er sich auf See vorgenommen hatte : erstens den Boden zu küssen und zweitens zum ersten Mal unseren neuen Außenborder auszuprobieren. Ich glaube zu diesem Zeitpunkt war der Außenborder das Wichtigere von beiden Dingen. Bodenküssen mußte noch einen Tag warten, denn man konnte nur bis 17 Uhr einklarieren.

Am nächsten Tag gab es im Yachtklub von Fort de France ein Festessen für uns drei, diesmal mit Languste und allem was wir uns gewünscht hatten.
Vor uns lagen für die weiteren drei Wochen St. Lucia, Mustique, Bequia, Canuan, das Horse-Shoe Reef, Palm Island, Petit St. Vincent und Grenada, wo

ich zehn Jahre zuvor oberhalb des Hafens gestanden hatte und dachte : Es müßte ein tolles Gefühl sein, hier auf eigenem Kiel einzulaufen.

- und hinter uns lag der Atlantik

Melanie :
Die Reise war anstrengend auch weil wegen der kaputten Selbststeueranlage immer jemand Ruder gehen mußte, aber nicht unerwartet anstrengend. Da uns Mami gesagt hatte, dass wir mit 24 bis 26 Tagen Überfahrt rechnen müssten hat es Energien freigesetzt als wir merkten, dass wir vielleicht schon nach 20 Tagen wieder Land unter den Füssen haben würden.

Es gab auch sehr komische Momente : auf unserer anschließenden Tour durch die karibischen Inseln saßen wir in einem Restaurant an den Hängen der Pitons. Am Nebentisch nahmen zwei Engländer Platz, die zu uns herüberschauten. Arndt war noch mal an den Strand gegangen um unser Schlauchboot zu überprüfen auf das ein Einheimischer aufpaßte gegen geringes Entgeld. (Man sollte solche Angebote die im Rahmen der Kosten für einen Drink lagen immer annehmen. Wer das nicht tut findet eventuell sein Schlauchboot nicht wieder.) Wir kamen ins Gespräch und sie waren sehr erstaunt, eigentlich mehr irritiert, dass wir den Atlantik mit einem Segelboot überquert hatten. Mami sagte erklärend wir wären nicht nur zu zweit, sondern zu dritt mit meinem Bruder. Die Engländer nickten irgendwie beruhigt. Was immer sie sich auch vorgestellt hatten unter meinem Bruder, als er dann kam verstand er nicht, warum wir so lachen mußten, als wir den Gesichtsausdruck der beiden Engländer sahen. Es wurde noch ein sehr lustiger Abend.

Und es gab Momente in denen ich richtig stolz war und mir bewußt wurde wie routiniert wir inzwischen waren. Wir hatten unseren Ankerplatz in Bequia verlassen, um nach Mustique weiter zu segeln. Wir liefen bei 4 bis 5 Bft unter Groß und Maschine und neben uns kam eine Charteryacht mit voller Genua auf. Mein Bruder sah meine Mutter fragend an. Die sah zum lila Himmel und dann zur langen, hohen Landzunge, die uns links vom Atlantik trennte und sagte : «laß uns warten bis wir aus der Abdeckung sind.» Und dann kam es, frei vom Ladschutz und mit gleichzeitig einfallenden Böen – wie es um die Jahreszeit mehrmals am Tag geschieht – orgelte der Wind hoch und der Regen platschte herab. Wir drehten in den Wind und Mami sagte nur : Reff drei und wir hatten innerhalb weniger Minuten ein sauber stehendes kleines Großsegel, rollten nachdem die Walze durch war die Genua klein aus und nahmen Kurs auf Mustique. Wir brauchten beim Reffen kaum zu reden. Wir wußten einfach was wir taten. Klar waren wir klitschnaß, aber was macht das bei der Wärme?

Der Charteryacht ging es nicht so gut, mit der vollen Genua hatte sie stark übergeholt, wurde durch den Wind platt aufs Wasser gedrückt und die Genua war durch den Wasserdruck zerrissen. Sie hatte gewendet und die sechs Mann Besatzung waren dabei die flatternden Teile der Genua einzufangen.
Mami erklärte, dass man nie vergessen darf, dass zwischen den hohen, schützenden Inseln der freie Atlantik durchtobt.

Und wie der sein kann hatten wir schon erlebt.

Allgemeine Bemerkungen zu unserer Reise :

Alle Windangaben im Text : scheinbarer Wind,
Geschwindigkeit : Knoten über Grund, Uhrzeit : Gran Canaria Zeit (UTC -1),
Großkreisentfernung 2.748sm bis zur Nordspitze von Martinique.

Als ich begann diese Reise zu planen, habe ich natürlich alle Bücher gelesen,
die von Atlantiküberquerungen handelten. Viele Informationen, die ich suchte
waren aber nicht zu finden. In den meisten Berichten nahm diese Tour nur wenige Seiten ein, denn sie war lediglich der Auftakt zu einer Weltumsegelung mit
spektakulären Landfällen in der Südsee oder in ewigen Eis. Einzelheiten wurden in diesen Beschreibungen nur erwähnt, wenn es einen Unfall gegeben
hatte, aber Vieles, das mich interessierte war nicht beschrieben. Ich hätte gern
gewußt, mit welchen Wellen und Windstärken wir zu rechnen haben würden.
Wie man an Bord lebt, während einer so langen Seezeit und eben all die Kleinigkeiten vor denen derjenige unsicher steht, der eine solche Tour noch nicht
gemacht hat. Die gleichen Fragen haben mir inzwischen viele Segler gestellt,
die sich mit mir über unsere Reise unterhalten haben. Deshalb haben wir versucht aufzuschreiben, was uns auf der Fahrt begegnet ist und womit wir uns
beschäftigt haben, um all denen Mut zu machen, die gute Segler sind und
schon lange von einer solchen Fahrt träumen. Denn ich meine, Träume sind
dazu da, um verwirklicht zu werden.

Schiffstyp :

Im Gegensatz zu vielen anderen, die eine solche Reise vorbereiten, brauchten
wir uns keine Gedanken über den idealen Schiffstyp zu machen. Wir hatten seit
Jahren ein Schiff, mit dem wir sehr zufrieden waren, das sich in schwerer See
bewährt hatte und das wir bis in den letzten Winkel und bis zur letzten fehlenden Schraube kannten . Letzteres finde ich besonders wichtig, weil wir mit der
Verhaltensweise des Schiffs vertraut waren und wußten, was man ihm zumuten
konnte . Alle routinemäßigen Handgriffe werden ohne Nachdenken ausgeführt
und wir brauchten uns nicht unnötige Sorgen um die Funktionstüchtigkeit und
Belastbarkeit der einzelnen Komponenten zu machen. Außerdem sind wirklich
die Ersatzteile an Bord, die gebraucht werden und die passen, weil die
Schwachstellen des Schiffs bekannt sind. Auf einer solchen Reise geht mit Sicherheit immer mehr zu Bruch, als man sich vorher vorstellen kann, weil die
Dauerbelastung so manches ostseeerprobte Teil schafft und es ist gut, wenigstens für die Dinge gerüstet zu sein, die vorhersehbar sind.

Wir segeln eine Caribic 40`, die 1981 bei Hackerboats in Travemünde gebaut
worden ist und vom Vater des Fähnrichs H. Schröder gezeichnet wurde. Sie ist

12,50 Meter über alles lang, hat 10,35 Meter Wasserlinie, 3,65 Meter Breite und einen Tiefgang von 2 Metern. Der 17 Meter lange Alumast ist durchgesteckt und steht auf dem Kiel. Das Rigg ist Topgetakelt. Wir fahren eine Rollreffanlage für die 56 qm große Genua oder die Fock, die über eine Selbstholende Winsch im Cockpit bedient wird.

Wir hatten die Möglichkeit beim Innenausbau des Schiffes unsere eigenen Vorstellungen zu verwirklichen und die Erfahrungen aus den beiden ersten Schiffen, die wir gesegelt hatten einzubringen. Mit ihrem fülligen Bug geht unsere "Xanadu" gut durch die See und bietet im Vorschiff mit einer Doppel- und einer Einzelkoje viel Platz sowohl für die Crew als auch mit einem großen Extraschap vorn Platz für die Segel, die durch eine Luke im Deck ohne Umweg hinein- und hinausgehievt werden können. Ölhosen, Ersatzschoten, leere Wasserkanister und unser Heckgrill finden dort auch noch Platz. Dadurch, dass wir auf eine große Spielwiese vorn verzichtet haben und dort getrennte Kojen sind haben wir unter diesen hochgesetzten Kojen viel gut erreichbaren Stauraum.
Durch die klassische Konstruktion mit Achtercockpit, das guten Schutz hinter einer niedrigen aber festen Scheibe bietet, und unter dem sich zwei geschützte, sehr gemütliche Kojen befinden, hat sie einen großzügigen Salon, einen Kartentisch auf dem man wirklich arbeiten kann und eine Pantry mit viel Abstellfläche. Wir haben bewußt nur einen Toilettenraum an Bord zugunsten unseres übrigen Lebensraums und da wir selten mit mehr als vier Personen segeln, gibt es trotzdem kein Schlangestehen.

Hier ein Überblick über die Raumaufteilung :

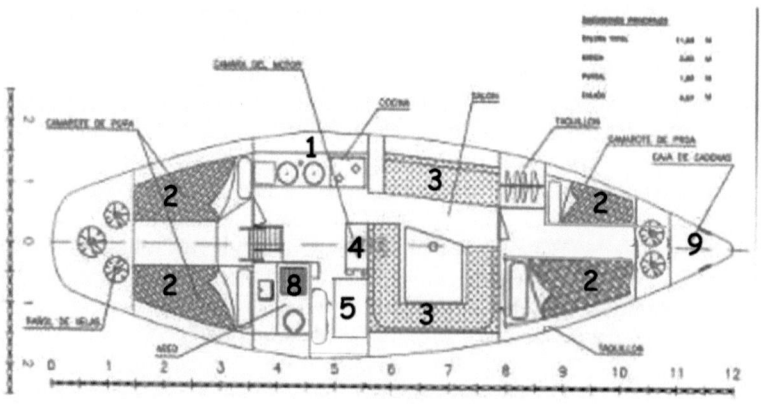

(1) Pantry (2) Kojen (3) Sitzbänke eine ist als Koje mit Leesegel benutzbar (4) Maschine gut zugänglich mit Schrank überbaut (5) großer Kartentisch (8) Toilette – ja, die ist klein, aber wir haben erst auf Fahrten gemerkt wie gut das ist ! Bei Schräglage oder heftigem Seegang kann man nicht weit fallen und sich gut abstützen. Ein kleiner Haken hält den Toilettdeckel sodass er einem nicht in den Rücken fällt. (9) Ankerkasten mit Winsch innen – kein Stolperstein an Deck. Für die Rettungsinsel, Eimer und Kanister achtern eine große Backskiste und vorn innen ein Schrank für die Segellast. Fach für Schwimmwesten, Lifebelts, Branddecke, Mützen, Handschuhe und Feuerlöscher schnell erreichbar rechts neben der Treppe. Zwei Treppenstufen sind aufklappbar für Kleinkram, Blöcke und die Winschkurbeln.

Als Slup getakelt mit 28qm Groß und 56qm Rollgenua ist XANADU schnell und auch für muskelschwache Crews wie uns durch das kleine, durchgelattete Großsegel mit Lazy-Jack und überdimensionierte, selbstholende Winschen gut zu handhaben. Ein Nachteil für Langfahrten ohne Selbststeueranlage ist sicherlich der kurze Kiel. Im Gegensatz zu einem Langkieler erfordert das Rudergehen bei achterlicher See ständige Aufmerksamkeit und viel Kraft.

Ob dies bei einer Windfahnen Steuerung besser wäre weiß ich nicht. Die kann auch nicht nach hinten sehen, aber sie braucht keinen Strom. Gewünscht hätte ich mir ein zweites Rollvorstag für die Fock, um das Segelwechseln zu vermeiden, das zeitaufwendig und bei schwerem Wetter eine Gefahrenquelle für die Crew ist. Der Nachteil beim Kreuzen, wenn die Genua zwischen den Stagen hindurchgeführt werden muß und die schlechtere Möglichkeit den Mast zu trimmen hatten mich vom Einbau der zweiten Rollanlage abgehalten. Bei einer kleinen Crew, dürften aber die Vorteile der genau und gefahrlos einstellbaren Vorsegelfläche überwiegen, denn ich bin sicherlich nicht der einzige Segler, der manchmal zu lange damit wartet die Genua gegen die Fock zu tauschen, in der Hoffnung, dass sich der Wind wieder beruhigt und es sich nur um einzelne Böen handelt, die das Schiff gerade auf die Seite legen. Das Ergebnis ist dann meist, dass man bei anhaltend 7 Bft schweißgebadet auf dem Vorschiff mit 56 qm Segeltuch kämpft, das aus der Vorstagnut gezogen, irgendwo zwischen den immer störenden Seilen des Leifbelts gebändigt werden muß. Das Einfädeln der Fock in die Nut vollendet dann das absolute Glücksgefühl, weil man nun auch von außen, durch das überkommende Wasser naß ist, wenn der Bug mal wieder klatschend in die See schlägt. Zusätzlich wärmt einen die innere Wut, da man felsenfest davon überzeugt ist , dass der Rudergänger der letzte Idiot ist, der einzig und allein die Wellen nicht richtig aussteuern kann. (Im Gegensatz zu einem selbst natürlich)

Proviant und Müll :
Den größten Teil des Proviants hatten wir schon in Hamburg gebunkert. Besonders die Fleischkonserven, die man in Deutschland bekommt, sind besser als in vielen anderen Ländern und wir hatten unsere erprobten Lieblingsgerichte mit den dazugehörigen Zutaten bei uns. Nur diejenigen Lebensmittel, von denen ich sicher war, dass wir sie auf Gran Canaria bekommen würden oder die frisch sein sollten haben wir dort ergänzt. Ich hatte zusammen mit den Kindern einen Menueplan für dreißig Tage aufgestellt. Alle Nährmittel etc. hatten wir aus den Pappverpackungen genommen und Sortenweise in beschriftete Plastiktüten gepackt. So war alles gegen Seewasser geschützt und der zukünftige Müll stark reduziert. Wir hatten eine Bestandsliste, die wir immer aktualisierten, so dass wir den Überblick behielten und erfolgreich auf die Jagd nach der letzten Dose Artischockenherzen oder Gewürzgurken gehen konnten. Gerade solche Sachen, wie Gewürzgurken, saure Maiskolben, Perlzwiebeln etc. waren als Zwischenimbiss willkommen. Wir hatten glücklicherweise genug

davon eingeplant. Schokolade und Süßigkeiten, die im Norden immer sehr begehrt gewesen waren, haben wir kaum gegessen, sie schmeckten in der Wärme nicht.

Für seekranke Mägen oder schnelle Energiezufuhr, haben wir immer Studentenfutter gemischt mit Trockenobst griffbereit in Plastikbehältern. Das ist eine ideale Nährstoffkombination und erfordert keine Kochkünste. Allerdings können heruntergefallene Rosinen die Cockpitabftlüsse ganz schön verstopfen, wenn sie richtig voll aufgequollen sind. Die Verwunderung, wenn dann eine Welle einsteigt und das Wasser bis zu den Waden im Cockpit. stehenbleibt ist groß. Aber der anschließende Versuch mit einer Hand das Ruder zu halten und mit der anderen die Rosinen unter Wasser aus dem Sieb heraus zupuhlen, ist ein exzellentes Training der eigenen Beweglichkeit und Koordinationsfähigkeit ! (So erlebt bei der Überführungsfahrt nach Gran Canaria. Mit Bft 10,5 achterlich gemessen, zwei Knoten Fahrt über Grund im Morgengrauen in der Nordsee beim Lenzen unter Top und Takel, mit 200m Leine in einer großen Bucht im Schlepp zum Abbremsen und dem Rest der Crew selig schlafen unter Deck. Was ich in dem Moment gedacht habe ist nicht druckreif.)

Das Abendessen war immer unsere wichtigste Mahlzeit und die einzige, die wir zusammen einnehmen konnten. (Wenn auch im Wechsel, da einer von uns wegen der ausgefallenen Selbststeueranlage immer am Ruder bleiben mußte). Wir haben großen Wert daraufgelegt, es uns bei dieser Mahlzeit gemütlich zu machen und etwas auszusuchen worauf wir alle Appetit hatten. Manchmal fingen wir schon mittags an, das Abendessen zu planen und unsere Bestandsliste durchzusehen. Melanie übernahm oft die Planung und Zusammensttellung. So ein genußvolles Essen hebt die Moral und Laune an Bord erheblich und ist gerade bei schlechtem Wetter besonders wichtig. Gekocht habe meist ich, dafür übernahmen die Kinder den Abwasch, das Aufräumen und Saubermachen des Boots. Letzteres halte ich für sehr wichtig. Wenn man in schweres Wetter kommt, es oben tobt und pfeift und man gegen aufkommende Panikgefühle ankämpfen muß, darf unten im Schiff nicht alles durcheinander fliegen und das Gefühl von absolutem Chaos erzeugen. Ein trockener, aufgeräumter Innenraum, in dem man über nichts stolpert und alles Wichtige problemlos finden kann, erzeugt das Gefühl von Sicherheit und hilft Zuversicht und Energien zu mobilisieren. Im Gegensatz dazu erinnere ich mich noch gut an eine Nacht vor der englischen Südküste. Ich ging Ruder bei steifem Süd-West und entsprechendem Seegang und brauchte dringend etwas aus dem Vorschiff. Nach dem Einklinken der Selbststeueranlage schoß ich nach unten, denn ich traute dem eisernen Rudergänger bei dieser See nicht so recht. Es war stockdunkel und in der Mitte des Schiffs trat ich unverhofft in ein unregelmäßiges, weiches Etwas. Nichts was mir durch den Kopf schoß, deckte sich mit diesem Gefühl unter meinem Gummistiefel und als der nächste Schritt auf der gleichen undifinierbaren Masse landete schrie ich nur noch vor Schreck. Die Masse schrie zurück. Es waren meine beiden Söhne Arndt und Robert, die sich, um ruhig schlafen zu können und nicht hin- und hergerollt zu werden in den Mittelgang auf den Boden gelegt hatten! Grundsätzlich war der Ansatz ja kreativ und logisch, nur leider hatten sie es versäumt mir einen kleinen Tip zu geben und mich so zu Tode erschreckt.

Heute brennt unten immer eine Petroleumlampe in der Nacht, um die Orientierung zu erleichtern. Das Licht ist angenehm mild, stört den Rudergänger nicht und wenn ich nachts von draußen runterkomme werden die an die Dunkelheit gewöhnten Augen nicht so geblendet.

Beigedreht zum Essen haben wir auf unserer Fahrt nur zu Silvester. An den anderen Tagen wäre es beigedreht unruhiger gewesen, als unter Fahrt und außerdem hatte uns ja der Ehrgeiz gepackt und wir wollten keine unnötige Zeit durch Einholen oder Backstellen der Segel verschenken.

Auf der Fahrt haben wir Blechdosen ganz kleingedrückt und in einem Müllsack verstaut. Platz war genug im Schiff. Gemüsegläser und Flaschen haben wir am Heck zerschlagen und im Meer versenkt.

Bei der Pantryausrüstung hat so jeder Segler sein eigenes Prinzip. Ich würde immer einen Petroleumkocher mit Backofen fahren, weil ich den Leitungen eines Gaskochers nicht traue, obwohl ich weiß, dass tausende von Schiffen damit fahren. Die Gefahr, dass unbemerkt eine Leitung undicht wird, das Gas welches schwerer ist als Luft in die Bilge sinkt und sich dort mit Putzmittelresten zu einem explosiven Gemisch entwickelt, das ein Schiff durch das Anzünden einer Zigarette auseinandersprengen kann, macht mir einfach Angst. Wenn ich sehe, wie sich bei schwerer See, Deck und Rumpf verwinden und der Mast arbeitet, dann meine ich, kann man nicht einfach ausschließen, dass auch eine sorgfältig verlegte und jedes Jahr geprüfte Leitung mal undicht wird. Bei unserem Herd sind die beiden Brenner nicht nebeneinander plaziert, sondern ich habe sie versetzt einbauen lassen. Dies erlaubt es, zwei große Pfannen gleichzeitig zu benutzen. Bei allen anderen Herden ist das nicht möglich, da die Halterung des Schlingerrahmens sinnigerweise immer neben den Brenners angebracht ist und somit den verfügbaren Radius um die Brenner einschränkt. Ein Backofen muß sein finde ich, für frische Brötchen, Aufläufe oder zum Warmhalten von Speisen, er trägt viel zur Lebensqualität an Bord bei. Allerdings sollte man vor einer solchen Fahrt testen, ob die Backofenklappe schön fest schließt, was bei unserem ersten Herd nicht der Fall war. Sie öffnete sich bei starkem Seegang selbsttätig - und der Ofen spuckte seinen Inhalt auf den Pantryboden. Hier nützt nur das Anbringen eines zusätzlichen Riegels.

Wer keine vier Hände besitzt, sollte sich für wenige Mark eine Haftmatte vom Meter kaufen, die auf die Pantry gelegt werden kann. Dies wenig attraktive blaue oder weiße Ding leistet tolle Dienste beim Brote schmieren und Teller füllen. Es hält, was sein Name verspricht : selbst bei starkem Seegang bleiben Teller, Bestecke, Marmeladengläser, Senftuben und Ketchupflaschen etc. da wo man sie hingestellt hat und die vorhandenen zwei Hände können dazu verwendet werden das Essen auf den Tellern oder die Butter auf die Brote zu verteilen. Wir rollen das Ding nach Gebrauch auf einer leeren Haushaltspapierrolle auf, weil es geknickt wellig wird und an sich selbst kleben bleibt.

Eine weitere bisher unpatentierte Erfindung an Bord der Xanadu ist unser universal Flaschen- und Kannenhalter. Es gibt ja wunderschöne, kardanische Halter in Messing oder Chrom. Der Nachteil neben der Tatsache, dass sie recht teuer sind ist, dass sie meist nur für eine ganz bestimmte Kanne passen. Wir haben zwei flache sieben Zentimeter hohe Ösen parallel zueinander, ca zehn Zentimeter voneinander entfernt an eine Schottwand über einer Ablage angeschraubt. Durch die beiden Ösen wird ein Hundehalsband gezogen, das sich genau auf das Kannen oder Flaschenmaß einstellen und über, durch oder unter einen Kannengriff gezogen werden kann. Das hat sich bis Windstärke 11 bewährt. Im Hafen wandert das Hundehalsband in eine Schublade und die kleinen Ösen fallen kaum auf.

Wasser :

Ich hatte mit fünf Liter Frischwasser pro Kopf und Tag gerechnet und zwar für dreißig Tage = 450 l. 200 l gingen in unseren Tank, 13 leichte Faltkanister à 20 l hatten wir im Schiff verstaut. Das Wasser in Puerto Mogan war sauber und schmeckte gut, haltbar gemacht haben wir es mit Micropur. Die Lösung mit den preiswerten Kanistern hat sich gut bewährt, sie haben eine runde Form und passen sich der Schiffsform gut an. Leer faltet man sie, hält sie mit Klebeband zusammen und hat dann in der Karibik wieder freien Stauraum. Die Verschlüsse sind absolut dicht. Wir hatten sie allerdings vorsichtshalber noch mit Klebeband umwickelt. Sicherlich sind diese Kanister nicht für Langzeitsegler geeignet, da bei mehrmaligen Knicken Löcher an den Knickstellen entstehen, aber für Probeaussteiger wie uns waren sie ideal und nur ein Drittel so teuer, wie Normalkanister.

Als wir in Martinique ankamen hatten wir noch zwei Drittel unseres Wasservorrats, obwohl wir in den letzten Tagen vor dem Ankommen recht großzügig mit Wasser umgegangen waren. Den niedrigsten Wasserverbrauch hatte sicherlich Arndt. Erstens weil er wirklich sehr darauf achtete z.b. den Zahnputzbecher nur viertelvoll macht, aber zweitens weil ich nicht kontrollierte, ob er sich wirklich täglich von oben bis unten gewaschen hat. Ich habe da meine Zweifel....
Wir hatten von Anfang an zum Abwaschen Seewasser benutzt, was auch mit ganz normalen Spülmittel gut ging, wenn man die Bestecke gleich abtrocknete. Kartoffeln und Nudeln schmecken in Salzwasser gekocht sehr gut. Geduscht und Haare gewaschen haben wir mit Salzwassershampoo, das ganz ausgezeichnet war. So blieb für das tägliche Waschen und Zähneputzen, fürs Kaffee- und Tee- und sonstige Kochen mehr als genug übrig.

Kleidung-Schlafsäcke :
Dies ist ein ganz einfaches Thema, denn es ist auf der ganzen Fahrt warm. Wir brauchten nur T-Shirts und normale Sommerkleidung. Ich hatte am Tag beim Rudergehen ein ganz dünnes langärmeliges Shirt an, damit mein linker Arm nicht zuviel Sonne bekam, denn die Sonne schien natürlich immer von links auf uns nieder. Gute Sonnenbrillen, eine Mütze mit langem Schirm und viel Sonnenschutzmittel haben wir gebraucht. Regenzeug in ganz leichter Ausführung muß natürlich dabei sein, aber dicke Pullover und Faserpelze kann man sich wirklich sparen. Unverzichtbar finde ich Handschuhe auch für männliche Hände. Die Verletzungsgefahr durch das laufende Gut, die Ankerkette oder durch Abrutschen von irgendetwas wird durch Handschuhe erheblich reduziert. Und wenn ich mir meine abgeschabten und an den Nähten zerrissenen Handschuhe nach einer Saison ansehe denke ich immer, prima sonst sähen Deine Hände so aus! Geschlafen haben wir in normalen Bettbezügen ohne Inhalt, die wir wie einen Schlafsack oder als Decke benutzt haben. Unsere molligen Schlafsäcke waren viel zu warm, wir haben sie nur zum verkeilen in der Koje benutzt., um zur Ruhe zu kommen, wenn es stark schaukelte.

Diesel :
Diesel hatten wir für 72 Maschinenstunden mit. 150 l im Tank, den Rest in Kanistern mittschiffs und achtern gestaut. Zusätzlich 5 Liter Außenbordergemisch.

Navigation :
Wir hatten einen handheld-GPS Magellan 1000 mit, der sich bestens bewährte. Mitte 1990 rieten mir viele "Experten" davon ab einen GPS zu kaufen und mich

auf diese unsichere technische Neuheit zu verlassen. Es wäre zu unsicher, ob es jemals eine 24 Std. Abdeckung geben würde und das System könnte von heute auf morgen wieder abgeschaltet werden usw. Mich faszinierte sofort, dass ich nur ein System für die ganze Route brauchen würde und die angegebene Genauigkeit der Positionen. Nach Versuchen in der Ostsee und auf der Überführungsfahrt nach Gran Canaria hatten wir auf die teure Halterung und die Top-Antenne verzichtet. Die eingebaute kleine Antenne lieferte sehr gute Ergebnisse. Das Gerät ließ sich immer an die gewünschte Stelle legen und konnte vom Rudergänger gut beobachtet werden, wenn er allein auf Wache war, ohne dass er das Ruder verlassen mußte. Das bewährte sich besonders in den Zeiten, in denen unsere Autohelm Selbststeueranlage streikte, was meistens der Fall war. Die Mobilität (notfalls konnten wir das Gerät auch mit in die Rettungsinsel nehmen) und die Tatsache, dass es auch nur auf Batterien laufen konnte und somit vom Bordnetz unabhängig war, gab für mich den Ausschlag zum Kauf. Wir haben es nicht bereut. In der Zwischenzeit hatten wir den dritten Nachfolger des gleichen Typs an Bord und waren immer noch begeistert. Auch darüber, dass er da nur noch ein Viertel des ersten Geräts kostete. 1990 gab es noch keine GPS-Plotter. Man maß den Wegepunkt aus der Karte heraus und tippte die Koordinaten ins Gerät ein. Neben der aktuellen Position erschien im Display der aktuelle Kompaskurs und Entfernung zum Wegepunkt, Geschwindigkeit über Grund und Abweichung zum ursprünglichen Kurs. Das war schon eine gewaltige Neuerung ! Ein Gerät davon habe ich noch an Bord und es funktioniert auch nach 30 Jahren noch einwandfrei.

Darüber hinaus hatten wir einen Kunststoffsextanten an Bord, der durch einen Sharprechner mit dem Programm Helios unterstützt wurde, das den Standort nach Sonnenposition berechnet. Ich habe ihn nur wenig benutzt, bei schwankendem Schiff kostet es ganz schön viel Zeit, bis ich die Sonne auf dem Horizont hatte. Die Positionen waren ausreichend, ca. 6sm bis 10sm neben der GPS-Position. Das reichte Notfalls.

Wacheinteilung :

Wir haben ein Wachsystem ausgeknobelt, das sich auf unseren längeren Fahrten sehr bewährt hat. Es bringt bei drei Personen dem der Freiwache hat fünf Stunden Freizeit, die man wie ich finde dringend braucht und funktioniert folgendermaßen :

1.) Zwei Crewmitglieder fangen zusammen an (A + B), wobei einer von beiden (B) hauptsächlich Ruder geht. In dieser Zeit werden die Segel eingestellt, der

Rudergänger mit Essbarem und Musik versorgt, Position genommen, alles überprüft und der Kurs für die nächsten zwei Stunden festgelegt.

2.) Nach einer Stunde hat A Freizeit. B bleibt für weitere zwei Stunden allein auf Wache. Falls er dringend Hilfe braucht, ruft er das dritte Crewmitglied (C).

3.) Nach den zwei Stunden die B allein Wache gegangen ist, kommt C und übernimmt das Rudergehen von B. B bleibt noch eine Stunde wie vorher A auf Wache und so weiter.

In den meisten Situationen ist es möglich, dass ein Crewmitglied zwei Stunden allein Wache gehen kann, wenn die Segellast vorher entsprechend verkleinert worden ist und eine Rollanlage für das Vorsegel gefahren wird, die der Rudergänger selbst bedienen kann. Ohne Selbststeueranlage ist dies in navigatorisch schwierigen Gebieten und in der Nähe von Schiffahrtsstraßen sicher nicht immer möglich, da dann die Position öfter überprüft oder ein Objekt identifiziert werden muß, auf dem offenen Meer aber eigentlich immer.

Zum Erledigen der notwendigen Aufgaben, würde auch eine halbe Stunde Übergangszeit genügen, aber dann fehlt die Zeit, um miteinander klönen zu können. Das ist gerade nachts unter dem Sternenhimmel gemütlich und sehr häufig sieht man die anderen ja sonst nicht, weil jeder seinen Schlaf braucht. Es gibt auch dem Abgelösten Gelegenheit nach der vollen Konzentration während des Rudergehens, abzudrehen, sich zu entspannen und vielleicht noch einen kleinen Drink zu genießen.

Melanie

Mit unserem Wachsystem müssten einem im Prinzip 4 Stunden Freizeit am Tag bleiben – 8 Stunde Wache, 4 Stunden ‚Beiwache', und 8 Stunden Schlaf. Davon ist realistischer Weise am Anfang aber nicht auszugehen. Tatsache ist, dass der aufgeteilte Schlaf – bei Wachaufteilung ist es nicht möglich 7 oder 8 Stunden in einem durchzuschlafen – und wohl durch das ständige Geschaukel, die ständige Muskelanspannung auch wenn man in der Koje liegt zu grösserem Schlafbedürfnis führt. Folglich hat man anfänglich viel weniger wache Zeit für sich selbst, als man vorher meinte. Nach einiger Zeit ändert sich das, weil der Körper sich an den merkwürdigen Schlafrythmus gewöhnt, und wieder mit weniger Schlaf, also mit so vielen Stunde, wie man normalerweise benötigt, auskommt.

Dennoch – so gut wie in der ersten Nacht vor Anker in der Bucht vor Fort de France habe ich wohl selten geschlafen.

Sicherheit :

Wir hatten jeder ein leichtes Sicherheitsbolero mit Lifebelt, mit dem wir uns beim Rudergehen am Achterstag einhaken. Diese Boleros haben sich sehr bewährt. Jeder trägt sie im Gegensatz zu den schweren Automatikwesten, die natürlich auch an Bord waren gern, da sie nicht einengen und auch, wenn sie nur über einem T-shirt getragen werden, nirgends scheuern.

Bei schwerem Wetter tauschen wir die leichten Boleros gegen Automatik-Schwimmwesten mit Lifebelt ein.

Wer allein auf Wache ist verläßt das Cockpit auf keinen Fall, sondern ruft im Notfall den nächsten Wachgänger zur Hilfe. Mußte einer von uns im Dunkeln aufs Vorschiff trug er am Arm eine kleine Blinkleuchte mit Klettverschluß, sodass der Rudergänger immer sehen konnte, was vorn passierte. Mich macht es am Ruder nervös, wenn ich einen eventuell auf den Knien arbeitenden

Mitsegler nicht mehr sehen kann und sich gegen den Wind schreiend auf den Laufenden zu halten ist stressig. An diese Regeln haben wir uns streng gehalten, denn uns war allen klar, dass auf gar keinen Fall einer von uns ins Wasser fallen durfte, schon gar nicht, wenn er allein auf Wache war.

Ich hatte allerdings für den Fall, dass ich über Bord gehen sollte, den Kindern zwei Umschläge gegeben, die am Kartentisch steckten und in denen sie Anweisungen gefunden hätten, was in diesem Fall genau zu tun gewesen wäre, und die weiterhin Funktions- und Bedienungsbeschreibungen aller wichtigen Geräte enthielten. Am Abend vor unserer Abfahrt in Poerto Mogan, hatte ich diesen emergency-case mit ihnen durchgesprochen, so dass sie im Kopf darauf vorbereitet waren. Ich wollte weder, dass sie lange nach mir suchen noch mit Mutters Leiche an Deck weitersegeln sollten. – Ich hatte ihnen für diesen Fall geschrieben, dass sollte ich an Bord sterben sie den toten Körper bitte ins Meer werfen. Das wäre mein letzter Wunsch, der unbedingt zu befolgen wäre.

Ich war sicher, dass es beide zusammen auch ohne mich und eine solche Belastung bis in die Karibik geschafft hätten. Das Schreiben war notariell beglaubigt, sodass es den örtlichen Behörden hätte vorgelegt werden können.

Blinkleuchten an den Rettungsringen am Heck haben wir von allen gängigen Herstellern ausprobiert. Leider haben wir die Erfahrung gemacht, dass sie nur funktionstüchtig bleiben, wenn sie warm und trocken unter Deck verstaut sind. Bei allen drang, wenn sie draußen hingen Wasser ein, die Anschlüsse oder Batterien korrodierten, sodass sie ständig gewartet werden mußten. Sicherheitsmittel, die zudem ja nicht gerade billig sind, müßten wesentlich stabiler sein.

Unsere Rettungsinsel hatten wir speziell mit zusätzlichem Proviant, Wärmedecken, Angelzeug und Signalfackeln ausrüsten lassen.

Weiterhin hatten wir einen Epirb Seenotrettungssender an Bord, der im Notfall direkt zur Seenotrettungszentrale in Plymouth funkt, wo das Schiff registriert ist. Als besondere Beruhigung : der Sender soll auch dann noch regelmäßig die Position melden, wenn er zwei Meter unter Wasser ist.

Feuerlöscher, Brandschutzdecke, Handpumpe, Dichtungsmasse, Wantenschneider, Leckpropfen, Superkleber, Korken, Glasmatten und Polyesterharz, Gummidichtungen, Klebeband, Segeltuch, Segelklebeband, div. Nähzeug für Segel, Fleischwunden und normalen Gebrauch, ein Set um Zahnlöcher zu füllen, Ruderseile, Draht, Seilklemmen, Notkettenglieder, Keilriemen, Filter, Zündkerzen, Schellen, Schläuche, Dichtungsringe, Öl, Destilliertes Wasser, Kabel, Lötbesteck, Bolzen, Schäkel, Splinte, Kabel verschiedener Stärken, Kabelschuhe, Glühbirnen und Sicherungen aller Größen, ein Campinggaskocher und eine manuelle Frischwasserpumpe waren an Bord und natürlich Werkzeug aller Art bis hin zum Kuhfuß um notfalls die Wandverkleidung schnell aufzubrechen, falls wir ein Leck suchen mußten. Ein Kistenbrett hatten wir verstärkt und mit großen Schellen ausgerüstet, so dass wir es bei einem Ruderbruch am Spibaum befestigen konnten, der übers Heck ausgebracht und mit Leinen über die Spiwinschen geschert, als Notruder hätte benutzt werden können.

Wichtig für fast alles an Bord war Gleit/Korrosionsfett auf dem Atllantik. Alles was aus Kunststoff ist, sich bewegen oder Strom leiten soll, muß jeden zweiten Tag gefettet werden, wenn es nicht spröde werden, sich festfressen oder korrodieren soll.

Ankergeschirr :
Wir hatten drei Anker bei uns, den normalen CQR 19lbs, einen Danfort und einen Alu-Leichtanker. Dazu 30m Kette 8mm, 60m bleiverstärkte Leine 16mm und 120m bleiverstärkte Leine 14mm, ein Ankergewicht und Ersatzkettenglieder. Die 14mm Leine war weniger zum Ankern, als zum Nachschleppen im Sturm gedacht und dabei hat sie in der Nordsee, zusätzlich beschwert mit zwei Fendern auch gute Dienste geleistet. Ein gutes Ankergeschirr trägt in der Karibik schon sehr zur Beruhigung der Nerven bei. Zuerst war mir der Gedanke das Schiff allein vor Anker liegen zu lassen etwas unheimlich, aber mit der Zeit hatte ich mich daran gewöhnt. Wie wichtig ein guter Anker und Vorsicht bei der Wahl des Ankerplatzes ist, haben wir in der Bucht von Bequia gemerkt. Dort pfiff es mit 7,5 Bft von den Hängen herunter und wir lagen vor zwei Ankern, als plötzlich am Nachmittag eine unbemannte englische Yacht an uns in Richtung offene See vorbeidriftete. Nach dem ersten Überraschungsmoment, denn es sah schon sehr eigenartig aus, da sie wohl wegen des Gewicht des Ankers am Vorschiff mit dem Heck voran trieb, sprangen wir ins Schlauchboot. Wir kamen am Boot zusammen mit der Crew eines anderen Schiffes an und es gelang gemeinsam schnell, den Anker mit länger gesteckter Kette wieder fassen zu lassen. Mehr konnten wir nicht tun, da das Schiff abgeschlossen war. Nachher stellten wir uns vor, wie furchtbar das Gefühl sein mußte, von einem netten Landgang zurückzukommen und sein Schiff nicht wiederzufinden! Die Bucht ist ziemlich groß und sicher denkt man zuerst eher an Diebstahl, als daran, dass das Boot eine viertel Meile weiter Seewärts zu suchen.

Gefahren :
Immer wieder habe ich festgestellt, dass die meisten Fehler und Unfälle zu verhindern gewesen wären, wenn, ja wenn der eigene Schweinehund nicht

gewesen wäre. Die Naht im Segel, die an einer Stelle aufgegangen war, was ich schon vorgestern gesehen hatte, der Splint den ich auf Deck gefunden hatte und der ja irgendwo fehlen mußte, das lose Kabel, das Maschinengeräusch, das ein wenig anders war als sonst, die Taschenlampe, der Sicherheitsgurt, die Streichhölzer, die nicht an den vorgesehenen Platz zurückgelegt worden sind, die Tonne deren Aufschrift oder Topzeichen ich nicht genau identifizieren konnte und der Einfachheithalber annahm, es war die, die wir laut Kurs sehen müßten und und und ... alles Dinge, die ich gleich hätte beheben oder überprüfen können und die man so gern verdrängt und insbesondere, wenn Müdigkeit hinzukommt versucht zu verharmlosen. Aber auf See rächt sich jede Nachlässigkeit und man kann sich immer auf das Gesetz der größten Gemeinheit verlassen : Wenn etwas kaputt geht passiert es unter Garantie nachts, wenn man im Tiefschlaf ist, im Sturm, vor einer Hafeneinfahrt, in Gegenden mit vielen Untiefen oder in sonstigen Momenten die geeignet sind, die Situation noch zu verschärfen und unter Umständen lebensgefährlich zu machen.

Der größte Feind auf See ist mangelnder Schlaf und die daraus resultierende Erschöpfung. Das Ergebnis ist nachlassende Konzentration und negative, entmutigende Gedanken. Wer sonst mit sieben Stunden Schlaf auskommt, wird wenn er ihn nur in Stückchen bekommt, mindestens neun Stunden brauchen. Er muß also auch am Tage schlafen. Auf Langfahrten achte ich darauf, dass meine Crew tagsüber in die Koje geht, auch wenn sich jemand noch so munter fühlt. Segeln ist meiner Meinung nach eine lebensgefährliche Angelegenheit und das auch, wenn man sich nicht allzuweit von der Küste wegbewegt. Andererseits sind die meisten Probleme gerade auf hoher See, bei ausreichend Freiraum nach allen Seiten mit Ruhe, Kreativität, gutem Werkzeug und einer umfangreichen Ersatzteilkiste zu lösen.

Ob ich es nochmal machen würde ?

Aber sicher, es war das erste Mal, aber es wird nicht das letzte Mal bleiben. Wir haben schon eine Routenplanung für den Pazifik via Galapagos und Osterinseln gemacht.......

Träume sind dazu da, um verwirklicht zu werden !